Dimensionen der Sorge

herausgegeben von
Anna Henkel,
Universität Passau
Isolde Karle,
Ruhr-Universität Bochum
Gesa Lindemann,
Carl von Ossietzky Universität Oldenburg
Micha Werner,
Ernst Moritz Arndt Universität Greifswald

Band 7

Johannes F. Burow

Beieinander an getrennten Orten

Leibliche Interaktion in Videokonferenzen

Die Publikation wurde durch die Universität Passau finanziell unterstützt (Open-Access-Publikationsfonds der Universitätsbibliothek).

Die Deutsche Nationalbibliothek verzeichnet diese Publikation in der Deutschen Nationalbibliografie; detaillierte bibliografische Daten sind im Internet über http://dnb.d-nb.de abrufbar.

1. Auflage 2022

Publiziert von
Nomos Verlagsgesellschaft mbH & Co. KG
Waldseestraße 3–5 | 76530 Baden-Baden
www.nomos.de

Gesamtherstellung:
Nomos Verlagsgesellschaft mbH & Co. KG
Waldseestraße 3–5 | 76530 Baden-Baden

ISBN (Print): 978-3-8487-8732-6
ISBN (ePDF): 978-3-7489-3131-7

DOI: https://doi.org/10.5771/9783748931317

Onlineversion
Nomos eLibrary

Dank gilt

- den Herausgeber*innen der Reihe *Dimensionen der Sorge*, insbesondere Prof.in Anna Henkel für ihre Begeisterung und ihre intensive Begleitung sowie Prof.in Gesa Lindemann für ihre kritischen und bereichernden Ergänzungen;
- dem *Nomos Verlag*, insbesondere Dr.in Sandra Frey für ihre Geduld und das in mich gesetzte Vertrauen;
- der *Universität Passau* und ihrem *Open-Access-Publikationsfonds der Universitätsbibliothek* für die Unterstützung des kostenlosen digitalen Zugangs zu dieser Schrift;
- den Kolleg*innen vom kleinen feinen *Diskussionskreis Neue Phänomenologie* für ihre bereichernden Anregungen und den kontinuierlichen fruchtbaren Austausch;
- den Freund*innen vom noch kleineren *Digital Internet Club* fürs Hochlebenlassen, Runterholen und Auffangen – und für den Kaffee bei jedem Wetter und in jeder Lage;
- den Veranstalter*innen und Teilnehmenden der Tagung des *AK Digitalisierung und Soziologische Theorie der DGS-Sektion Soziologische Theorie* zum Thema „Anwesenheit, Kommunikation und Interaktion im Raum der Digitalisierung“ für ihre kritische Diskussion und damit Präzisierung meiner Thesen;
- meiner wundervollen Partnerin und meiner Familie für ihre Unterstützung;
- und nicht zuletzt den Interview- und Gesprächspartner*innen, die mich an ihren persönlichen leiblichen Regungen, Empfindungen und Erlebnissen teilhaben ließen,

ohne die dieses Buch nicht möglich gewesen wäre.

Inhaltsverzeichnis

1 Nähe und Videokonferenzen während der Corona-Pandemie

Im Zuge der Kontaktbeschränkungen während der COVID-19-Pandemie haben Videokonferenzen in unterschiedlichste Lebensbereiche Einzug gehalten und sind zu einem gesellschaftlichen Alltags-Phänomen geworden: Meetings, Kaffeekränzchen, Hochzeiten, Konzerte, Trauerfeiern, Partys, Universitäts-Seminare, Schulunterricht, Yoga- oder Sportkurse – unzählige Situationen, die zuvor von Angesicht zu Angesicht stattfanden, wurden in Videokonferenzen verlegt und die Nutzungsformen reichen bis zum Austausch mit dem Haustier per Videotelefonie (vgl. PetChatz 2020). Während dieser technisch vermittelten Interaktionen zeigen sich leibliche Empfindungen wie Nähe zu anderen Teilnehmenden oder das Gefühl, dass *in* der Videokonferenz eine ganz eigene Atmosphäre herrscht. Vielleicht ist es auch der Moment, in dem das Gegenüber einem tief in die Augen blickt und ein schwer zuzuordnendes Loch in der Magengegend hinterlässt oder einen Moment der Entfesselung oder Befreiung auslöst. Ebensolchen Erlebnissen folgt die Frage, wie trotz der medialen Vermittlung, wie trotz der großen örtlichen und körperlichen Distanz leibliche Kommunikation und Interaktion in Videokonferenzen zutage treten.

Die COVID-19-Pandemie (im Folgenden Corona-Pandemie), die im Januar 2020 Deutschland erreicht hat, ist nicht das eigentliche Thema der vorliegenden Arbeit, aber sie bietet den Ausgangspunkt nicht nur für die technische Lösung der Videokonferenz, sondern auch für den Kontext von Nähe und Distanz, von Körper und Leib, der sich in der Videokonferenz fortsetzt. In der Pandemie wird der Körper nicht mehr als Statussymbol gesehen, sondern als verletzliche und sorgebedürftige Größe, während von ihm gleichzeitig die Gefahr ausgeht, andere Körper zu infizieren (vgl. Alkemeyer 2020). Zum Schutz der Gesundheit des individuellen Körpers und des Gesellschaftskörpers werden dementgegen Kontaktbeschränkungen bis zum *Lockdown* ausgesprochen, welche den körperlichen Kontakt ausschließen sollen. „Zu den Verlierern muss man wohl auch das Vertrauen in den sinnlich gegenwärtigen Mitmenschen zählen. Er könnte ein Infektionsherd sein.“ formuliert Lindemann (2020b) pointiert. Sie verweist auch auf die „Fernsehansprache der Bundeskanzlerin“, die dieser Situation ein besonderes Framing verleiht:

> Wir möchten, gerade in Zeiten der Not, einander nah sein. Wir kennen Zuwendung als körperliche Nähe oder Berührung. Doch im Augenblick ist leider das Gegenteil richtig. Und das müssen wirklich alle begreifen: Im Moment ist nur Abstand Ausdruck von Fürsorge. (Merkel 2020)

Die Rede nennt sogar explizit Möglichkeiten, wie diese Fürsorge im Abstand, die Nähe auf Distanz, wie „Zuneigung" gelingen soll: „Skypen, Telefonate, Mails und vielleicht mal wieder Briefe schreiben" (ebd.). Während, wie die folgende Analyse zeigt, in Videokonferenzen durchaus Nähe trotz der örtlichen Distanz entstehen kann, wird der Annahme, dass Sorge im Abstand möglich sei, widersprochen. Sorge ist dabei im Folgenden vornehmlich in der Bedeutung des *Care* gemeint, schließt aber an andere Bedeutungen an und diese nicht aus.

In jedem Fall versprechen Videokonferenzen Hilfe bei den Bemühungen, dass aus dem "physical distancing" kein "social distancing" (Dickel 2020, S. 80) wird, obwohl der zweite Begriff insbesondere zu Beginn der Pandemie unhinterfragt weitverbreitet gebraucht wird. Die Herausforderung, die sich dabei im Gegenzug beim "distant socializing" (Mau 2020) stellt, dass in der geplanten Kommunikation „das Zufällige, das Beiläufige, das Ungeplante" (ebd.) fehlt, klingt auch in der Empirie an, die trotzdem ebenso bereits in einem frühen Stadium der Pandemie im Juni 2020 Umgangsweisen und Strategien zur Realisierung sozialer Situationen belegt. Während Dickel und andere die Mediatisierung und Vernetzung als Ermöglichung von Gesellschaft ohne anwesende Körper darstellen, zeigt sich bei einer Fokussierung der erlebten Nähe zu anderen sowie dem Berührtwerden durch andere im Gegenteil die gemeinsam leiblich hervorgebrachte und empfundene Nähe und Interaktionsmöglichkeit als Basis gemeinsamer digital vermittelter Kommunikationssituationen. Durch den schlagartigen alltäglichen Einsatz von Videokonferenzen im Kontext des verbotenen Körperkontakts aufgrund der Pandemie bieten sich einmalige Blicke auf die „leiblichen Regungen" (Schmitz 1965), insbesondere von Neunutzenden, welche die Technik noch nicht inkorporiert haben, und auf Situationen, in denen die Nutzung von Videokonferenz-Software noch nicht institutionalisiert ist.

Der Begriff des Leibs wird im Folgenden in dem Verständnis von Schmitz verwendet. Der *Leib* meint somit das, was man von sich selbst spürt, und unterscheidet sich vom *Körper*, der das beschreibt, was man von sich mit den fünf Sinnen wahrnimmt (vgl. ebd.; genaue Definition s. Kapitel 3.1). Mit dem Begriff Videokonferenz sind softwarebasierte Videokonferenzen gemeint, bei denen mehrere User mit ihren digitalen Endgeräten (Laptops, Smartphones, Tablets o.ä.) über eine zentrale Plattform zeitgleich audiovisuell in Kontakt treten. Die Teilnehmenden können dabei alle anderen (und sich selbst) als kleine Video-Kacheln oder in der Sprecheransicht bildschirmfüllend sehen und hören. Softwares, die dies ermöglichen, sind bspw. *Zoom*, *Skype*, *Big Blue Button*, *Goto Meeting*, *Google Hangouts* und *Jitsi*.

Die eingangs formulierte Frage, wie trotz der medialen Vermittlung, wie trotz der großen örtlichen und körperlichen Distanz „leibliche Kommunikation" (Schmitz 1990, S. 135) in Videokonferenzen zutage treten kann, wird aus der Perspektive der Leibphänomenologie Hermann Schmitz' und der darauf aufbauenden „Neophänomenologischen Soziologie" (Gugutzer 2017) tiefgreifend beantwortet, wie im Folgenden ausführlich dargelegt wird. Während Videokonferenzen kann es trotz technischer und leib-kommunikativer Beschränkungen durch verschiedene Gegebenheiten und Praktiken zu „wechselseitigen Einleibungen" (Schmitz 2011, S. 40) kommen, während derer sich die Teilnehmenden leiblich besonders nah sind. Auch herrschen „gemeinsame Atmosphären" (Schmitz 2014, S. 59) und Stimmungen, die anhand des empirischen Materials herausgearbeitet und mit Schmitz' Begrifflichkeiten analysiert werden können. Die besondere Situation der Videokonferenz weist dabei – vor allem aufgrund der örtlichen Separiertheit der Teilnehmenden und ihrer Einschränkungen – ebenso auf die Leiblichkeit, wie die Leiblichkeit zurückweist auf die begrenzten Möglichkeiten der Kommunikation in der Videokonferenz. Als den Beschränkungen entgegengestellte Praktiken zeigen sich bspw. die Durchführung von Warm-Ups, die Übernahme von Rahmen-Interaktionen, welche nicht direkt mit dem Inhalt der Videokonferenz zu tun haben, die Rekonstruktion bekannter Situationen und die Inszenierung des Videobilds. Die leiblich-körperliche Begrenztheit der Möglichkeiten in Videokonferenzen wird besonders in der Unmöglichkeit von Sorge-Arbeit sichtbar, weshalb Videokonferenzen eher als Spiegelung statt als Lösung für die Kontaktverbots-Maßnahmen verstanden werden müssen. Die sich in diesem Fall als Schwierigkeit darstellende körperliche und leibliche Distanz während Videokonferenzen zeigt sich umgekehrt jedoch auch als Potential für Schutzräume und Partizipationsmöglichkeiten. Die Phänomene, die in Videokonferenzen zutage treten, ermöglichen insofern Rückschlüsse auf gesellschaftliche Verhältnisse von Nähe und Distanz während der Corona-Pandemie und im Allgemeinen.

Die Videokonferenz kann dabei als Beispiel einer gegenwärtigen Gesellschaft verstanden werden, in der körperliche Nähe und leibliche Regungen zugunsten von Rationalisierung, Berechnung und Psychologisierung in den Hintergrund treten und die von einer Objektivierung von Erlebnissen und einer Digitalisierung und Datafizierung der Alltagswelt geprägt ist. Doch selbst in Videokonferenzen drängen sich Hinweise auf die Empfindungen des eigenen Leibs und fremder Leiber geradezu auf, ist es oft unvermeidbar, sich den Stimmungen und herrschenden Atmosphären zu entziehen. Obwohl Menschen diesen Regungen gegenüber meist nicht hilflos ausgeliefert sind und sich durch Versachlichung von ihnen emanzipieren könnten, legen die empirischen Ergebnisse nahe, dass der Drang nach leiblicher Nähe und Intensität zumindest in einigen Situationen groß genug ist, um die aufwändige Konstruktionsarbeit zu leisten, einen gemeinsamen *Leiberspace* zu schaffen, durch den sie sich auch bei digitaler Vermittlung näherkommen können.

Zunächst wird die geschilderte Thematik in den Kontext der bestehenden vornehmlich sozialpsychologischen und soziologischen Perspektiven auf Nähe und Distanz in Videokonferenzen eingebettet, und dabei insbesondere die dahinter liegenden theoretischen Konzeptionen von Nähe auf ihre Eignung überprüft, der Fragestellung gerecht zu werden. Zusätzlich werden einzelne Erkenntnisse aus diesen Perspektiven in Hinsicht auf die Fragestellung herausgestellt, die später zur Ergänzung oder Kontrastierung des theoretischen Materials eingebunden werden. Außerdem werden verschiedene neophänomenologische Zugänge diskutiert und der eigene Ansatz in diesen verortet (Kapitel 2). Anschließend werden als Theoriebasis die Grundzüge der Leiblichkeit in der „Neuen Phänomenologie“ von Schmitz (2003) nachgezeichnet, die gleichzeitig als Grundlage der Neophänomenologischen Soziologie und des „Methodologischen Situationismus“ (Gugutzer 2017) dienen, welcher – nach einer Ergänzung um die Vermitteltheit von Situationen – als soziologischer Zugriff gewählt wird (Kapitel 3). In diese Rahmung wird die „Grounded Theory Methodologie“ (Glaser und Strauss 1967) als bewährte Herangehensweise eingebettet und der mit ihr einhergehende Forschungsverlauf wiedergegeben (Kapitel 4). Auf dieser Grundlage wird gefragt, wie leibliche Regungen und Einleibungen, wie leibliche Kommunikation und Interaktion in Videokonferenzen zutage treten. Dafür werden die Situation Videokonferenz sowie ihre spezifischen Eigenschaften ausgebreitet und es wird analysiert, wie in solchen Situationen Hinweise auf die Regungen von Leibern gegeben werden. Daraufhin wird begründet, wie Einleibungen in Videokonferenzen möglich sind und durch verschiedene Praktiken möglich gemacht werden. Kontrastierend wird das Potential der Distanz sowohl in Videokonferenzen als auch im persönlichen Miteinander diskutiert, bevor die Analyseergebnisse zusammengefasst werden (Kapitel 5). Im letzten Kapitel werden die Ergebnisse abschließend kontextualisiert, mögliche weitere Forschungsbedarfe aufgezeigt und die Kombination aus Theorie und Methodologie kurz reflektiert (Kapitel 6).

2 Perspektiven auf Nähe und Distanz in Videokonferenzen

Videokonferenzen und die damit einhergehende audiovisuelle Kommunikation auf Distanz sind seit frühen Entwicklungsstadien der Videotelefonie aus verschiedenen Perspektiven und unter Verwendung unterschiedlicher Konzepte Thema wissenschaftlicher Betrachtungen. Auch die Frage danach, ob und wie es trotz der räumlichen Distanz zu Interaktionen und der Wahrnehmung von Nähe kommt, wird in unterschiedlichen Ansätzen und mit Bezug auf unterschiedliche Theorien diskutiert. Im Folgenden werden exemplarisch verschiedene Forschungsbereiche und insbesondere die dahinter liegenden theoretischen Konzeptionen ebenso vorgestellt wie Teile der Erkenntnisse aus diesen unterschiedlichen Perspektiven. Leitend ist dabei die Frage, ob und wie die entsprechenden Konzeptionen eine Beantwortung der Forschungsfrage ermöglichen können. Dazu werden die Grenzen, Beschränkungen und Möglichkeiten herausgestellt sowie einzelne Ergebnisse dargelegt, die später als inhaltliche Ergänzung oder Kontrastierung zu dem empirischen Material herangezogen werden.

2.1 Vielseitige Zugriffe auf Videokonferenzen

Der erste wichtige Sammelband zum Thema "Video-Mediated Communication" versammelt den Forschungsstand der 1990er Jahre und die Positionen der zu diesem Zeitpunkt führenden Wissenschaftler*innen aus dem Umfeld der US-amerikanischen Computer-Pionier*innen im Dunstkreis des *Xerox PARC* (*Palo Alto Research Center*). Bemerkenswerterweise hat sich an einer Konstanten, trotz schnellerer Internetverbindungen und der Allgegenwart von Hochleistungsrechnern mit Kamera und Mikrofon, bis heute wenig verändert: Die Kommunikation in Videokonferenzen kommt der von Face-to-Face-Situationen zwar am nächsten, es bleiben jedoch immer Informationen und Interaktionen auf der Strecke, die nicht (vollständig) transportiert werden können (vgl. Finn et al. 1997).

Auch weitere Beiträge aus dem Feld der Human-Computer-Interaction (HCI) bieten bereichernde Anschlüsse zu Interaktionen in Videokonferenzen. Dieses meist lösungsorientierte und interdisziplinäre Forschungsfeld hat sich über seine ursprünglichen Wurzeln in den Ingenieurswissenschaften und der Kognitionswissenschaft hinweg erweitert und bezieht in seinem „dritten Paradigma“ (Harrison et al. 2007) soziologische Perspektiven mit Schwerpunkt auf verkörperter Interaktion mit Technik mit ein. Obwohl im Folgenden der Schwerpunkt nicht auf Interaktion zwischen Mensch und Computer gesetzt ist, lassen sich für die Fragestellung relevante Verknüpfungen herstellen, wie bspw. zur Wichtigkeit des Augen- und Blickkontakts (vgl. Grayson und Monk 2003; Schwind und Jäger 2015), den Schwierigkeiten beim Sprecherwechsel (vgl. O'Conaill et al. 1993; Sellen 1992) und der Räumlichkeit in Videokonferenzen (vgl. Hauber et al. 2006), die in der Analyse zur Ergänzung der Ergebnisse einbezogen werden können.

Ein gänzlich anderer Schwerpunkt in Texten zu Videokonferenzen liegt im Bereich der Ratgeber- und Managementliteratur (vgl. bspw. Herrmann et al. 2012), die keine Fragen zu leiblicher Kommunikation stellt, aber diese indirekt durch Lösungsvorschläge aus Erfahrungswerten und sekundären Quellen berührt. Solche Handlungsempfehlungen und Anleitungen zu gelingenden Videokonferenzen sind, beschleunigt durch den weltweiten Einsatz während der Corona-Pandemie, auch auf unzähligen Blogs und in Massenmedien zu finden. Im weiteren Vorgehen werden solche Texte vereinzelt beispielhaft angeführt, da sie Praktiken und Strategien erkennen lassen, die wiederum auf die typischen Herausforderungen in Videokonferenzen hindeuten. Als theoretische Grundlage eignen sie sich nicht.

2.2 *Präsenz in Bildungswissenschaften und Sozialpsychologie*

Videokonferenzen sind in den Erziehungswissenschaften als Teil eines sich weltweit ausbreitenden Interesses an Fernunterricht ein wichtiges wiederkehrendes Thema und das schon lange bevor die Maßnahmen gegen die Ausbreitung des Corona-Virus zu Schließungen von Schulen und Universitäten geführt haben. Globalisierung, lebenslanges Lernen und Inklusion sind nur einige der Treiber dieser Entwicklung, in welcher Videokonferenzen eine wichtige Rolle spielen, da sie der persönlichen Anwesenheit vor Ort am nächsten kommen (vgl. Bertagnolli und Quaresma da Silva 2019). Ein internationaler und vielseitiger Diskurs aus verschiedenen Teildisziplinen forscht auf Makro-, Meso- und Mikroebene mit diversen Schwerpunkten zu Themen der Fernbildung (vgl. Zawacki-Richter und Anderson 2014). Für die formulierte Frage nach leiblicher Kommunikation und Nähe ist aus diesem Feld ein Beitrag von besonderem Interesse, der sich mit kulturellen Unterschieden im Fernunterricht beschäftigt (vgl.

Gunawardena 2014). Diese Perspektive ergänzt und offenbart den kulturell deutlich eurozentrisch gefärbten Blick meiner Untersuchung, der sowohl in der Analyse durch einen deutschen *weißen* Mann als auch bereits in der Theoriegrundlage von Schmitz' Neuer Phänomenologie begründet (nicht aber gewünscht oder gerechtfertigt) ist.

Gunawardena bezieht sich in ihrer Analyse auf das Konzept der „Sozialen Präsenz". Dieses geht davon aus, dass Soziale Präsenz der kritische Faktor von Kommunikationsmedien sei und über den Grad von „Intimität" und „Unmittelbarkeit" (als psychologische Konzepte) entscheide, welche dem Gegenüber entgegengebracht werde (vgl. Short et al. 1976). Die Soziale Präsenz kann in Videokonferenzen als wichtiger Faktor für Zufriedenheit ausgemacht werden und beschreibt dabei, einfacher gesagt, "the degree to which a person is perceived as a 'real person' in mediated communication" (Gunawardena und Zittle 1997, S. 9).

Auf die Soziale Präsenz (in verschiedenen Ausführungen) beziehen sich etliche Veröffentlichungen aus der (Sozial-)Psychologie (vgl. bspw. Härder 2003) und den Kommunikationswissenschaften (vgl. bspw. Mühlenfeld 2004). Außerdem existieren in den Diskursen um mediatisierte Kommunikation etliche andere Konzeptionen von Präsenz, von welchen Lee (2004) die wichtigsten wie folgt zusammenfasst: "Subjective or objective social richness" beschreibt die „Wärme" und „Intimität", die über ein Medium möglich sind; "Telepresence" meint das Gefühl, ‚wirklich' an einem anderen oder virtuellen Ort zu sein, soziale Interaktion innerhalb eines oder mit einem Medium selbst die künstliche und mediale Natur ignorierend; "Immersion" beschreibt den Grad, wieweit User in ein virtuelles Umfeld eintauchen, was in den letzten Jahren durch den Erfolg von Virtual-Reality-Anwendungen breitere Aufmerksamkeit erhalten hat (Lee 2004, S. 31).

All diese Konzepte gehen dabei von einer rein kognitiven Verarbeitung von visuellen und auditiven Informationen aus und sind insofern nicht in der Lage, leibliche Phänomene wie gemeinsame Atmosphären, Empfindungen wie Beengung, das befreiende Gefühl, welches entsteht, wenn man eine geliebte Person sieht, Gruppendynamiken oder andere zwischenmenschliche Interaktionen zu erklären, welche während Videokonferenzen wahrgenommen werden.

Die Schwierigkeiten der Beschreibung solcher Empfindungen werden auch bei der Untersuchung der Übertragung von „interpersonaler Berührung" deutlich. Diese, als Konzeption einer Kombination aus körperlichen und kognitiven Reizen, kann schon allein deshalb nicht realistisch in digitaler Kommunikation übertragen werden, da nicht mit Sicherheit gesagt werden kann, welche (Körper-)Informationen jene sind, die die Berührung durch einen anderen Menschen erkennen lassen (vgl. Gallace und Spence 2010). Auch eine Untersuchung zu Fürsorge in Paarbeziehungen versucht die „Nähe auf Distanz“ durch technische Lösungen bzw. materialisierte Objekte an den jeweiligen Orten der Fernbeziehung zu überwinden und vertritt eine psychologisch-körperlich dualistisch getrennte Position (vgl. Chien et al. 2015), die es nicht ermöglicht, leibliche Regungen einzubeziehen.

2.3 Grenzen soziologischer Interaktions- und Raum-Konzepte

Ebenso als Teil der Frage nach Nähe trotz räumlicher Distanz in Paarbeziehungen, allerdings aus soziologischer Perspektive, entwickelt Döbler (2020) die Konzeption von Präsenz als performatives Phänomen. Sie nimmt dabei bewusst keine Differenzierung von Körper und Leib vor (vgl. Döbler 2020: S. 168) und behandelt auch Praktiken, die Videotelefonie einbeziehen. Ihr Werk ist zusätzlich wertvoll, da sie das Thema der Präsenz soziologisch einordnet und diskutiert. Sie verweist, wie auch andere Texte es jeweils einzeln tun, auf die an Örtlichkeit gebundenen idealtypischen Interaktionssituationen bei Schütz, Goffman sowie Berger und Luckmann.

Analog zur „Gesichtsfeld-Beziehung“ (Schütz 1972, S. 73) betonen auch Berger und Luckmann, dass die „fundamentale Erfahrung des Anderen“ diejenige in „Vis-à-vis-Situationen“ ist, wohingegen Situationen der „Korrespondenz“ nur davon abgeleitet sind. „Aber im wahrsten Sinne des Wortes ‚wirklich‘ wird er für mich nur von Angesicht zu Angesicht“ (Berger und Luckmann 1977, S. 31f.). Auch Goffmans Interaktionsbegriff geht von einer körperlichen Begegnung aus: „Für die Zwecke unserer Untersuchung kann ‚Interaktion‘ […] grob als der wechselseitige Einfluß von Individuen untereinander auf ihre Handlungen während ihrer unmittelbaren physischen Anwesenheit definiert werden.“ (Goffman 2003, S. 18)

Die Festlegung von Interaktionen auf unmittelbare physische, also körperliche Anwesenheit sperrt den Zugriff auf Videokonferenzsituationen und alle anderen durch Medien vermittelte Situationen. Auf weitere Einschränkungen der klassischen soziologischen Theorien deutet Gugutzer ebenso am Beispiel Goffmans hin und betont, inwieweit Schmitz‘ Situationstheorie weiter gefasst ist: Neben der raumzeitlichen Eingrenzung auf die Anwesenheit von mindestens zwei Menschen würde im Vergleich zu Schmitz eine Vereinfachung auf zählbare Körper mit psychischen Eigenschaften, die in bestimmten Relationen stehen, stattfinden, die nicht den diffusen und miteinander verwobenen Elementen (der „chaotischen Mannigfaltigkeit“) gerecht werden könnten, die Situationen ausmachen (vgl. Gugutzer 2017, S. 155).

Als für Videokonferenzen hilfreiche Erweiterung von Goffmans Situationsbegriff kann die Konzeption der „synthetischen Situation“ von Knorr-Cetina (2009) herangezogen werden. Auch Döbler (2020) verweist auf diesen Ansatz, dass über Medien wie Videotelefonie Informationen übermittelt und Handlungen reziprok erkennbar und erfahrbar werden können, die sinnlich nicht direkt möglich wären, bspw. durch räumliche Distanz. Dieses Konzept Knorr-Cetinas überwindet bezogen auf Videokonferenzen zwar das Problem der räumlichen Einheit als Grundlage für Interaktion, nicht aber die von Gugutzer (2017) bezugnehmend auf Schmitz dargelegten Einschränkungen durch die Vereinfachung der chaotischen Mannigfaltigkeit als Netze von kognitiv-intentional handelnden Körpern. Um dieser Vielseitigkeit der Situation in Videokonferenzen zu begegnen und um leiblich empfundene Prozesse und wahrgenommene Atmosphären zu analysieren, wird in der vorliegenden Arbeit die Leibphänomenologie von Herrmann Schmitz zentral gestellt und für soziologische Fragestellungen fruchtbar gemacht.

Es ist ebenso aufschlussreich, die Verbreitung von Videokonferenzen neben anderen digitalen Medien als Teil von Prozessen der „Mediatisierung“ zu betrachten, wie sie ausgehend von Krotz (2007) bspw. Couldry und Hepp (2017) analysieren und darstellen. Videokonferenzen werden von ihnen unter anderem als Beispiel für eine größere Distanziertheit in familiären Beziehungen angeführt, wenn diese zum großen Teil über mediatisierte Kommunikation geführt werden (vgl. ebd., S. 163). Allerdings wird an dieser Stelle beispielhaft deutlich, dass der Schwerpunkt in dieser Betrachtung nicht auf den empfindenden Menschen liegt, sondern auf den Medien und den von ihnen hervorgerufenen Veränderungen: “Mediatisierungsforschung rückt [...] das situative kommunikative Handeln in Bezug auf sich wandelnde und neue Medien in den Mittelpunkt und fragt nach den darin gründenden, auch strukturellen, Veränderungen in den verschiedenen Lebensbereichen der Menschen.“ (Krotz 2014, S. 13f.)

Eine solche Perspektive auf Videokonferenzen ist insbesondere durch die Zunahme und Allgegenwärtigkeit von medienvermittelter Kommunikation während und potentiell auch nach der Corona-Pandemie lohnend und relevant, zeigt für den Fall aber eher die gesellschaftliche Rahmung auf, als direkt für die Forschungsfrage nutzbar zu sein. Die Betrachtung von Videokonferenzen als Medium würde eine Konzeption als Verbindung von vernetzten Endpunkten bedeuten sowie den Fokus auf die über das Medium transportierten digitalisierten Informationen lenken und damit weg von den empfundenen leiblichen Regungen, welche um die Teilnehmenden herum stattfinden und wahrgenommen werden.

Martina Löw (2001) zeigt auf, wie auch „die soziologischen Versuche, Raum neu zu definieren, auf Vorannahmen aufbauen, die nicht soziologischen, sondern philosophischen und physikalischen Kontexten entstammen“ (S. 19). Sie teilt diese Versuche in zwei Raumvorstellungen: zum einen die „absolutistischen“ Vorstellungen von einem Behälterraum, zum anderen die „relativistischen“, die Raum und Zeit relativ zum Bezugssystem der Beobachtenden verstehen. Als einen scheinbaren dritten Weg schlägt sie vor: „Eine Möglichkeit wäre, sich umstandslos der Phänomenologie zuzuwenden, die einzige Theorierichtung, in der abstrakte Raumbegriffe nicht zur Erklärung von Handeln herangezogen werden.“ (ebd.) Allerdings, so ihre Kritik, blieben dabei nicht-alltägliche Strukturen (wie bspw. Ungleichheit) unsichtbar und phänomenologische Arbeiten blieben unhistorisch. Anhand phänomenologischer Arbeiten könnten lediglich Raumphänomene erkannt und Problemfelder sondiert werden. Ein soziologischer Raumbegriff könne nicht ohne “philosophisch/physikalische Denktraditionen entwickelt werden“ (ebd., S. 20). Entgegen dieser Kritik gibt es unterschiedliche Versuche, Phänomenologie systematisch in die Soziologie zu integrieren, wobei insbesondere Schmitz‘ Neue Phänomenologie aufgrund ihrer umfassenden Thematisierung des Raums und ihres umfassenden theoretischen Konzepts und der philosophischen Fundierung geeignet scheint, Löws Kritik entgegenzutreten.

2.4 Neophänomenologische Ansätze

In diversen Disziplinen finden sich Arbeiten auf Basis von Schmitz‘ Leibphänomenologie, wie bspw. in der Psychotherapie, den Wirtschaftswissenschaften oder der Kunst (für einen Überblick vgl. Gesellschaft für Neue Phänomenologie). Neben Gugutzers „Neophänomenologischer Soziologie“, die im folgenden Kapitel ausführlich erläutert und nach einer relevanten Erweiterung als soziologische Theorie für das weitere Vorgehen gewählt wird, haben auch andere Autor*innen Schmitz‘ Leibphänomenologie für soziologische Fragestellungen theoretisch fruchtbar gemacht. Früh bereits Lindemann (1993), welche Schmitz mit Plessners Philosophischer Anthropologie in ihrer Sozialtheorie der „Weltzugänge“ (vgl. Lindemann 2014) kombiniert, wodurch in Bezug auf Videokonferenzen insbesondere die Frage nach dem Raum und die mediale Vermitteltheit theoretisch ergänzt werden kann, wie in Kapitel 3.3. ausführlicher erläutert wird. Auch Henkel (2022) verwendet Schmitz zusammen mit Plessner, allerdings als Erweiterung von Luhmanns Systemtheorie um symbolischen und leiblichen Ausdruck von Sinn. Michael Uzarewicz (2011) entwickelt eine „neophänomenologische Soziologie des Transhumanen", die sich als Kritik der Subjekt-Fokussierung der klassischen Soziologie liest.

Die Zahl empirischer soziologischer Arbeiten mit Schmitz ist hingegen begrenzt. Hervorzuheben ist ein aktueller Beitrag von Lindemann und Schünemann (2020) zu leiblicher Anwesenheit in mediatisierter Kommunikation, auf den ebenso in Kapitel 3.3 ausführlicher eingegangen wird und welcher Lindemanns Ansatz an einem empirischen Fall expliziert. Schließlich sind es außerdem besonders Gugutzer, der empirisch zu verschiedenen Themen rund um Körper und Sport arbeitet (vgl. bspw. 2002; 2012; 2015), sowie Charlotte Uzarewicz und bspw. ihre „Neophänomenologische[n] Betrachtungen über das Altenheim" (Uzarewicz 2012). Auch die Frage danach, wie überhaupt empirisch mit der Leibphänomenologie gearbeitet werden kann, ist in Vorträgen und auf Tagungen immer wieder ein Diskussionspunkt, ohne bisher allerdings methodisch einheitliche Wege zu finden.

Friesen (2014) beschäftigt sich aus phänomenologischer Perspektive explizit mit dem Thema Videokonferenzen und kommt dabei zu anderen Ergebnissen als die folgende Analyse mit Schmitz. Seine auf Merleau-Ponty (1964) und daran anschließend Waldenfels (2009) basierende Argumentation kommt zu dem Schluss, dass ein gegenseitiges Anblicken und ein entsprechender reziproker Kontakt in Videokonferenzen nicht möglich sei. Neben dem technischen Problem der unterschiedlichen Position von Kamera und Videobild, weshalb dem Gegenüber nicht ‚wirklich' in die Augen geschaut werden könne, basiert sein Urteil auf den theoretischen Implikationen von Waldenfels: „Selbst eine Videokamera, die nicht nur unsere Stimme und unser Räuspern aufzeichnet, sondern auch das Heben der Augenlider und das Runzeln auf der Stirn, scheitert an dem Blick, der mehr ist als etwas Gesehenes [...]" (Waldenfels 2009, S. 111). In Kapitel 3.3 wird gezeigt, wie durch eine Ergänzung auch mit Schmitz argumentiert werden kann, dass der Blick nie unmittelbar ist, sondern immer vom Kontext der Situation abhängig. Doch auch Schmitz' Phänomenologie thematisiert eine medial vermittelte Interaktion nicht direkt und somit sind auch die meisten ihrer soziologischen Anwendungen gehindert, Situationen wie Videokonferenzen zu analysieren. Zusammen mit Grundlagen der Neuen Phänomenologie und der darauf basierenden von Gugutzer entwickelten Neophänomenologischen Soziologie muss also im nächsten Kapitel außerdem, angelehnt an Lindemann, eine Ergänzung um die Vermitteltheit von Situationen vorgenommen werden.

Die Analyse ist allerdings dabei konzeptionell nicht als dezidiert theoretischer Beitrag angelegt, sondern zeigt vornehmlich auf den Bedarf einer Präzisierung und den Vorschlag einer Vereinigung der theoretischen Zugänge. Einen möglichen Weg zeigt die Behandlung des empirischen Falls. Der Text diskutiert weder extensiv die Fragen des Raums bei Schmitz oder in der Soziologie, noch steht die mediale oder digitale Vermittlung im Kern der Analyse. Vielmehr liegt der Fokus im Folgenden auf den aus der Empirie ableitbaren Möglichkeiten und Grenzen leiblich empfundener Nähe, leiblicher Interaktion und Kommunikation bei gleichzeitiger körperlicher Distanz und digitaler Vermittlung während Videokonferenzen.

3 Theoretische Grundlagen zur Analyse digital vermittelter leiblicher Interaktion

Es hat sich gezeigt, dass die zuvor vorgestellten Konzepte und Perspektiven auf Nähe und Distanz in Videokonferenzen nur eingeschränkt in der Lage sind, Antworten auf die Frage zu liefern, wie trotz der medialen Vermittlung, wie trotz der großen örtlichen und körperlichen Distanz leibliche Kommunikationen und die Empfindungen von Nähe und Beisammensein in Videokonferenzen zutage treten. Gleichzeitig stellt bisher keine der vorgestellten Arbeiten die Leiblichkeit in Videokonferenzen ins Zentrum einer empirischen Untersuchung, wie es im Folgenden der Fall sein wird. Wie bereits angedeutet, werden dafür die von Gugutzer vorgestellte Neophänomenologische Soziologie und vor allem die Leibphänomenologie von Hermann Schmitz als theoretische Konzeptionen dienen, die im folgenden Kapitel eingeführt und erweitert werden.

Nachdem dargelegt wurde, weshalb die etablierten Konzeptionen von Nähe und Interaktion in Bezug auf Videokonferenzen nicht oder nur eingeschränkt geeignet sind, die verfolgte Fragestellung zu beantworten, wird in diesem Kapitel expliziert, mit welcher theoretischen Herangehensweise die anschließende Beantwortung erfolgen kann. Mit der „Neuen Phänomenologie“ von Hermann Schmitz (2003) können leibliche Regungen mit einem umfangreichen Vokabular beschrieben und Fragen nach der Räumlichkeit und empfundenen Atmosphären gefasst werden. Nach der Einführung der Grundzüge der Leiblichkeit aus Schmitz‘ umfassender Neuer Phänomenologie werden die „Neophänomenologische Soziologie“ (NPS) und mit ihr der „Methodologische Situationismus“ als soziologischer Zugriff gewählt, wie sie Gugutzer (2017) vorschlägt. Als Ergänzung zur NPS wird anschließend hergeleitet, dass eine raumzeitliche Einheit von Situationen ebenso wenig Voraussetzung zur Analyse ist, wie eine Fokussierung auf körperliche oder psychische Eigenheiten der Situationselemente. Unter Einbeziehung von Plessners „Gesetz der vermittelten Unmittelbarkeit“ (Plessner [1928] 1975) zeigt sich, dass die räumliche Ganzheit einer Situation ebenso gegeben ist, wenn sie sich nicht auf den gemeinsamen Ortsraum, sondern auf den gemeinsamen Quasi-Leib bezieht, für den im Fall von digital vermittelter Ausprägung der Begriff des *Leiberspace* vorgestellt wird.

3.1 Grundzüge der Leiblichkeit in Schmitz' Neuer Phänomenologie

Schmitz' Neue Phänomenologie, die er in seinem umfassenden „System der Philosophie“ von 1964 bis 1980 veröffentlicht und immer weiter verfeinert hat, unterscheidet sich von der klassischen Phänomenologie Husserls in einem entscheidenden Punkt: Wo bei Husserl das Bewusstsein als zentrales Primat herrscht, stellt Schmitz die „affektive Betroffenheit“ (Schmitz 1964, S. 10) des Leibs in den Mittelpunkt. Die leibliche Wahrnehmung geht bei Schmitz der bewussten Wahrnehmung voraus und wird so zum phänomenologischen Ausgangspunkt. Darauf aufbauend entwickelt er die leibliche Kommunikation, Gefühle als Atmosphären, die Inklusion nichtmenschlicher Elemente und eine Raumtheorie, die über die raumzeitliche Dimension hinausgeht.

Die für die Betrachtung von Leiblichkeit in Videokonferenzen wichtigsten Begriffe und Theorieteile werden im Folgenden eingeführt, wobei zunächst auf den Leib und seine Regungen eingegangen wird, bevor die Begriffe der Einleibung und der Atmosphären erläutert werden. Weitere theoretische Grundlagen werden auf dieser Basis im Laufe der Argumentation nach Bedarf dargestellt und verwendet.

3.1.1 Der Leib und das Alphabet der Leiblichkeit

In der von Schmitz formulierten Leibphänomenologie, ist der *Leib* das, was man von sich selbst spürt, im Gegensatz zu dem *Körper*, der das ist, was man von sich sieht oder tastet, also sinnlich wahrnimmt. Der Leib meint dabei nicht ein zweites Ding, wie es der Körper ist, sondern zielt vielmehr auf den Zustand, also die „leiblichen Regungen“, die Schmitz selbst wie folgt definiert, als:

> […] alles […] was jemand von sich, als zu seinem eigenen Zustand gehörend, in der Gegend (nicht unbedingt in den Grenzen) seines eigenen sicht- und tastbaren Körpers spüren kann, ohne sich auf das Zeugnis der fünf Sinne (Sehen, Hören, Tasten, Riechen, Schmecken) und des perzeptiven Körperschemas (des habituellen Vorstellungsbildes vom eigenen Körper) zu stützen. (Schmitz 2003, S. 25)

Über die Untersuchung von Hunger, Durst, Schmerz, Ekel oder Lust (vgl. Schmitz 1990) gelangt Schmitz zu einem Vokabular, zu einem analytischen Schema, mit dem sich solche leiblichen Vorgänge sprachlich beschreiben, vergleichen und in Beziehung setzen lassen: dem „Alphabet der Leiblichkeit“ (Schmitz 1965), von welchem nun einige für die Analyse wichtige Begriffe eingeführt werden.

In diesem sind „Enge“ (auch „Engung“) und „Weite“ (auch „Weitung“) (ebd., § 48) die elementaren Typen, die Extrema, zwischen denen sich die leiblichen Regungen abspielen. Die Enge des Leibes (auch als „primitive Gegenwart“) tritt in Angst oder großem Erschrecken zutage. Im Impuls „Weg!“ zu wollen, dies aber nicht zu können. Dieser gehemmte Drang, wie er in Alpträumen oder Schocksituationen vorkommt, löscht jegliche Raum- und Zeitkonzeption und weist damit unumgänglich auf die Regungen des Leibes (Schmitz 1967, S. 10ff.). Solch ein Übergewicht der Enge wird auch „Spannung“ genannt, welches im Gegensatz steht zur „Schwellung“, die bei einem Übergewicht der Weitung vorherrscht. Der Begriff leitet sich dabei nicht von geschwollen im Sinne einer stumpfen Verletzung ab, sondern von der der Schwellung, der „stolzgeschwellten Brust“ (Schmitz 1965, S. 91). Die Weite tritt in Momenten der Euphorie, des Rausches und beim Ins-Freie-Treten hervor. In seiner Extremform würde die Schwellung die Auflösung des Selbst in der Weite bedeuten und ist als eine Art des Loslassens bekannt, die sich alltäglich im Moment kurz vor dem Einschlafen zeigt (vgl. ebd., S. 83f.).

Das Wechselspiel von intensiver Spannung und Schwellung, die dadurch, dass sie sich gegenseitig hemmen, sich gleichzeitig antreiben, bezeichnet Schmitz als „vitalen Antrieb“. Dieser führt, solange er nicht gestört ist, nach einem Extrem über das andere wieder in ein gewisses Gleichgewicht zwischen Enge und Weite zurück (Schmitz 2003, S. 26f.). Das absichtliche Herbeiführen von besonders starker Engung oder Weitung zum Hervorrufen leiblicher Reaktionen kann bspw. beim Bungeejumping oder aber in der Yogapraxis beobachtet werden.

Die leiblichen Prozesse zwischen den Polen der Enge und der Weite werden zudem unterschieden in die Fälle von „Intensität“ und „Rhythmus“. Intensität beschreibt das simultane Ineinandergreifen von Spannung und Schwellung, welches Schmitz als „Kampfnatur“ beschreibt: „Der leidenschaftliche Mensch sucht Glück nicht als Behagen, sondern als Intensität seines Erlebens; daher erstrebt er auch die Spannung und läßt sich, selbst ohne dies zu beabsichtigen, bereitwillig auf den Schmerz ein“ (Schmitz 1965, S. 120). Dies erkläre das Streben nach selbst gesetzten und erlebten Grenzerfahrungen, ob beim Schwimmen im Meer, beim Schwitzen in der Sauna oder auch beim Fliegen mit dem Flugzeug. Rhythmus herrscht vor, wenn Schwellung und Spannung abwechselnd auftreten und damit sogleich wiederum das jeweils andere provozieren. Die Schwellung der Lust verstärkt sich bspw. im rhythmischen Wechselspiel der Spannung von muskulärer Anstrengung oder auch Schmerzen. Da Intensität sowie Rhythmus für eine gewisse Ausgewogenheit im Gleichgewicht des Leibes sorgen, für die „Ökonomie des Haushalts des Leibes", verwendet Schmitz auch zusammenfassend für beide den Begriff „leibliche Ökonomie" (Schmitz 1965, S. 125).

Die dargestellten Formen leiblicher Regungen erlauben es im Folgenden, die leiblichen Regungen der Teilnehmenden von Videokonferenzen zu beschreiben.

> Soweit es sich um die Charakteristik der leiblichen Regungen in der Dimension von Enge und Weite handelt, ist ein beinahe deduktives Vorgehen möglich, in dem die Kategorien kombinatorisch, im gedanklichen Durchspielen der möglichen Variationen des erwähnten Schicksals, leiblich zu sein, gewonnen werden. (Schmitz 2003, S. 25)

Bereits in den Begriffen der Enge und Weite wird deutlich, dass leibliche Regungen stets Erfahrungen mit räumlichem Charakter sind. Dieser leibliche Raum hat dabei keine scharf umrissenen Konturen und ist in keinem Koordinatensystem zu verorten, vielmehr besteht er aus umrisslosen Ausstrahlungen und hat „voluminösen Charakter", eher vergleichbar mit Schall oder Klima als mit dem dreidimensionalen sichtbaren und messbaren Raum (vgl. Schmitz 1967). Die leiblichen Regungen finden insofern nicht an bestimmten Orten des räumlichen Körpers statt, sondern an sog. „Leibesinseln", wie „z. B. folgende von oben nach unten: Schlund, Brustwarzengegend, Magengrube mit dem charakteristischen ‚Gefühl in der Magengegend', anale und genitale Zone" (Schmitz 1965, S. 26).

Die Etablierung der Zeit und des Orts als „Hier" und „Jetzt", als Begrenzungen der unendlichen Weite des Leibraumes, in welcher Ordnung sich das „Ich" positionieren kann, sind nach Schmitz (1967, § 116) die Prozesse der „personalen Emanzipation" (Schmitz 1980, § 258), also der Selbstwerdung vor dem Hintergrund aller Möglichkeiten. Die unerreichbare Extremform dieser Struktur nennt er die „Entfaltete Gegenwart". Mit der Personalen Emanzipation entfernt sich der Mensch von der maximalen Engung (in der „Primitiven Gegenwart"), dem gehinderten „Weg!", dem Geworfensein auf den reinen Leib und steht quasi über den Dingen und objektiviert die zuvor subjektiv auf ihn einwirkende Welt. Dieses selbst-bewusste Ich an definierter Stelle zu einer definierten Zeit ist gleichzeitig jedoch über das Hier und Jetzt weiterhin eng verbunden mit der Primitiven Gegenwart, mit der Engung des Leibes. So findet der Mensch die Bestätigung seiner Existenz zum Zeitpunkt des Jetzt auch in der Engung des Schmerzes, wie in der Selbstverletzung oder weniger drastisch in der Redensart ‚Kneif mich mal, ich glaube, ich träume' (vgl. Schmitz 1964, S. 222). Dieses Rückgeworfensein auf die Regungen des Leibs nennt Schmitz „personale Regression" (Schmitz 1980, § 259).

> Der Mensch ist also selten ganz Tier und nie ganz souveräne, dem Hier und Jetzt durchaus überlegene Person, vor der sich alles mit einer Eindeutigkeit ausbreiten könnte, die von der spürbaren Enge seines Leibes ganz unabhängig wäre. Vielmehr befindet sich die gelebte Gegenwart des Menschen meist in einer unklaren, schillernden Mittelstellung zwischen den beiden Extremen der primitiven und der vollständig entfalteten Gegenwart. (Schmitz 1967, S. 18)

Wie sich in der späteren Analyse zeigen wird, macht die ortsräumlich distribuierte Situation einer Videokonferenz diese unklare Mittelstellung besonders gut sichtbar, da die räumliche und zeitliche Beschreibung der Situation den leiblichen Regungen widerspricht und die ungewohnte Situation erlebbar macht, dass der sich regende Leib nicht innerhalb des zeit- und ortsräumlichen Koordinatensystems zu verorten ist.

Diese andere Räumlichkeit spielt auch eine wichtige Rolle in Bezug auf die Atmosphären und Prozesse der leiblichen Kommunikation, die für die Analyse der Leiblichkeit in Videokonferenzen als wichtige Bausteine der Schmitz'schen Leibphänomenologie herangezogen werden.

3.1.2 Atmosphären und Einleibung

Hergeleitet von klimatischen Atmosphären und deren Einfluss auf die Emotionen des Menschen, entwickelt Schmitz einen Atmosphären-Begriff, der beschreibt, wie sich Stimmungen im Raum ergießen und nicht von einzelnen Personen empfunden werden, sondern eher zwischen ihnen oder um sie herum stattfinden und von dort auf sie einwirken. In dieser „exzentrischen Gefühlstheorie" (Soentgen 1998, S. 66) existieren die Gefühle also unabhängig vom Menschen im Raum. Diese Perspektive wendet sich ab von der rationalistischen Vorstellung, dass Menschen in einer leeren Welt aus Dingen handeln, mit und zwischen denen über qualitätslose Medien kommuniziert wird. „Zwischen den Menschen ist nicht ‚nichts' oder ‚Leere', sondern Atmosphären – vielleicht nicht immer, aber doch in der Regel" (ebd., S. 72).

Atmosphären, wie bspw. die Schwere der Trauer während einer Beerdigung oder die bedrückende Stimmung im Supermarkt bei den frühen Vorratseinkäufen während der Corona-Pandemie, wirken unmittelbar leiblich. Dennoch ist es auch möglich, sich gegen die Affizierung durch Atmosphären zu wehren. Lässt sich ein Mensch dagegen von der Atmosphäre überwältigen, spricht Schmitz vom „affektiven Betroffensein" oder der „Ergriffenheit" des leiblichen Befindens, wenn der Mensch nicht anders kann, als „dabei sich selbst zu spüren und in diesem Sinne auf sich selbst aufmerksam zu werden, selbst wenn er darüber gar nicht nachdenkt, gar nicht reflektiert, sondern wie ein Tier oder ein Säugling ganz naiv ist" (Schmitz 2019, S. 13). Die Emanzipation von und die Zurückwendung zu solchen affizierenden Atmosphären und anderen leiblichen Regungen ist in der zuvor geschilderten Theorie der Selbstwerdung begründet. Eine Form der Atmosphären ist die der „kollektiven" oder „gemeinsamen Atmosphären", wie sie bspw. beim gemeinsamen Singen auftreten, bei dem eine gemeinsame ergreifende Atmosphäre des Gefühls, wie Nationalstolz oder religiöse Andacht, einhergehen mit solidarischer Einleibung (Schmitz 2014, S. 59), einem Prozess der leiblichen Kommunikation, der nun abschließend erläutert wird.

Mit dem Begriff der „Einleibung" beschreibt Schmitz (2011) Situationen, in denen Leiber mit anderen Leibern oder Dingen leiblich kommunizieren und diese somit in das eigene Befinden eingreifen. So entsteht ein übergreifender „Quasi-Leib" (ebd.). Umgekehrt könnte man sagen, es kommt zu einer Einleibung, wenn der eigene Leib von jemandem oder etwas anderem so sehr heimgesucht wird, dass er*sie sich danach richtet, oder zumindest versucht ist, dies zu tun (vgl. Gugutzer 2017, S. 151). Diese zunächst abstrakt klingende Definition erklärt sich in den folgenden Beispielen, die in verschiedene Formen der „Antagonistischen Einleibung" und der „Solidarischen Einleibung" unterschieden werden können.

In der Antagonistischen Einleibung ist der vitale Antrieb, also das Band zwischen Spannung und Schwellung, auf mehrere Partner verteilt. Als Beispiele werden der Blickkontakt oder der Händedruck als eine Art Ringkampf des vitalen Antriebs genannt (vgl. Schmitz 2003, S. 39). Die Antagonistische Einleibung kann dabei „einseitig" sein, wenn die Rollenverteilung in Bezug auf die Dominanz festgelegt ist und der eingeleibte (passive) Partner völlig von dem anderen abhängig ist, an ihm hängt wie gefesselt. Beispiele sind das Betrachten von Seiltänzer*innen, bei dem man leiblich mit angstschweißnassen Händen mitfiebert (vgl. Kirchhoff 2000), oder, als Fall einer Einleibung mit einem leiblosen Partner, das Ausweichen vor einer drohenden sich nähernden Masse wie einem heranfliegenden Stein (vgl. Schmitz 2011, S. 38ff.). In der „wechselseitigen" Form der antagonistischen Einleibung wechselt sich die Dominanzrolle im gemeinsamen vitalen Antrieb ab, wie Spannung und Schwellung im oben beschrieben Rhythmus. „Die Partner wechselseitiger Einleibung spielen sich in kleinen Intervallen die Dominanz wie einen Ball zu“ (Schmitz 2011, S. 40). Wechselseitige antagonistische Einleibung ist zugleich die Gewissheit, es mit einer*m „anderen Bewussthaber[*in] zu tun zu haben“, auch „Du-Evidenz“ (ebd., S. 41) genannt. Beispiele hierfür wären das gegenseitige Ausweichen auf dem Gehweg in Großstädten (vgl. Schmitz 2003, S. 41) oder der Blickwechsel in einem Gespräch oder einem Flirt:

> Der in Anwesenheit des anderen Sprechende neigt dazu, diesen anzusehen und Blickkontakt zu suchen, keineswegs in erster Linie, um die Wirkung seiner Worte zu kontrollieren, sondern um in einer ihm und dem Partner spürbaren Weise bei diesem anzukommen. (Schmitz 2011, S. 40f.)

Die Solidarische Einleibung funktioniert wiederum ohne die Verteilung des übergreifenden vitalen Antriebs, sondern mit einem gemeinsamen vitalen Antrieb, benötigt aber ein integrierendes Thema wie Empörung oder die Hochstimmung einer Feier. Die oben erläuterte kollektive Atmosphäre von Nationalstolz würde einen solchen Antrieb unterstützen. Insbesonders Ereignisse, die durch Schall angetrieben werden, wie das rhythmische Klatschen oder Trommeln, fördern diese solidarische Einleibung. Ganz oben auf der Liste der Beispiele der solidarischen Einleibung steht das bereits erwähnte gemeinsame Singen, mit dem Lied als gemeinsamem Thema und möglicherweiser durch eine kollektive Atmosphäre unterstützt (vgl. ebd., S. 47f.), die in gemeinsamen Situationen vorkommen kann.

In der Hinwendung zu soziologischen Fragestellungen wird im nächsten Abschnitt zusätzlich Schmitz‘ Theorie der Situationen eingeführt, in welchen die bisher geschilderten leiblichen Regungen alltäglich stattfinden und auf welche sich Gugutzers Vorschlag einer Neophänomenologischen Soziologie als zentrale Analyseebene konzentriert.

3.2 Neophänomenologische Soziologie

Aufbauend auf den Grundannahmen der Phänomenologie von Schmitz entwickelt Gugutzer das Programm der Neophänomenologischen Soziologie, welches als leib- und situationsbasierte Soziologie „grundlagentheoretische Beiträge zu Fragen der Konstitution und Konstruktion von Sozialität“ (Gugutzer 2017, S. 154) liefern soll. Diese stellt dabei die „passiv-pathische Eingebundenheit der Menschen in soziale Kontexte“ (ebd., S. 162) in den Mittelpunkt und erweitert die „rationalistisch-kognitivistische Reduktion sozialer Wirklichkeitskonstruktion um die Idee einer untrennbaren Verschränkung von Leib und Welt" (Gugutzer 2017, S. 162).

Als engste Analyseeinheit des Sozialen dient die beschriebene leibliche Kommunikation, welche den Blick auf nichtrationale und nichtsprachliche soziale Verständigungsvorgänge ermöglicht und damit den Schwerpunkt auf die mikrosoziale Ebene fixiert. Die Konfrontation und Trennung von Individuum und Gesellschaft in der klassischen Soziologie wird mithilfe der Situationstheorie von Schmitz überwunden, da in ihr die persönlichen und gemeinschaftlichen Situationen als miteinander verwoben verstanden werden (vgl. ebd., S. 157). Außerdem wird (wie in Kapitel 2 dargelegt) die Festlegung von Interaktionen auf körperliche Anwesenheit überkommen und eine Inklusion von allen Elementen der chaotischen Mannigfaltigkeit ermöglicht:

> Eine *Situation* in hier gemeintem Sinn ist charakterisiert durch Ganzheit (d. h. Zusammenhalt in sich und Abgehobenheit nach außen), ferner eine integrierende Bedeutsamkeit aus Sachverhalten, Programmen und Problemen und eine Binnendiffusion dieser Bedeutsamkeit in der Weise, daß die in ihr enthaltenen Bedeutungen (d. h. Sachverhalte, Programme, Probleme) nicht sämtlich – im präpersonalen Erleben überhaupt nicht – einzeln sind. (Schmitz 2005, S. 22, Herv. i. O.)

Diese auch von Gugutzer gewählte Situationsdefinition von Schmitz führt die wichtigsten Begriffe ein, die nun eng nach Gugutzer an einem anderen Beispiel erläutert werden: Die Situation eines typischen Elternabends hat bspw. ihre Ganzheit, da sie sozial (Lehrer*in und Eltern), thematisch (die Schüler*innen), räumlich (im Klassenzimmer) und zeitlich (bspw. eine Stunde) zusammengehalten wird und sich nach außen zu anderen Situationen (wie dem Unterricht, der sonst in dem Klassenraum stattfindet,) abgrenzt (vgl. Gugutzer 2017, S. 156).

In Ergänzung zu Gugutzer sei an dieser Stelle dringend eingeschoben, dass die räumliche Ganzheit keinesfalls eine ortsräumliche sein muss wie das Klassenzimmer, sondern ebenso eine räumliche Ganzheit im Sinne gemeinsamer Atmosphären oder eines gemeinsamen Quasi-Leibs möglich ist. Dass die „Ganzheit" als „Zusammenhalt" und „Abgehobenheit nach außen" (Schmitz 2005, S. 22) ortsräumlich gemeint ist, wird bei Schmitz nicht expliziert. Es werden in Schmitz' Alphabet der Leiblichkeit zwar keine medial vermittelten Situationen thematisiert – und die symbolische Interaktion rückt insgesamt zugunsten der Betonung von unmittelbar leiblich wahrnehmbarer Interaktion in den Hintergrund – dennoch schließt das Konzept der Neophänomenologie solche nicht kategorisch aus. Im folgenden Kapitel wird die NPS an dieser Stelle sinnvoll präzisiert und zur Analyse von medial vermittelten Situationen erweitert.

Als Sachverhalt wird das bezeichnet, um was es in der Situation geht, also der Elternabend. Die Programme (der Nomos) sind einerseits Normen, wie z. B. die Schulpflicht der Kinder, und Wünsche wie die der Eltern, dass die Lehrkraft ihren Vorstellungen für die Kinder nachkommen möge. Probleme könnten Störungen wie zu spät kommende Eltern, unerwartete Sorgen der Eltern oder Unsicherheit aufseiten der Lehrer*innen sein. Die Binnendiffusion beschreibt, dass die einzelnen Elemente miteinander verknüpft die Situation konstituieren, aber nicht wie und warum sie Bedeutsamkeit hervorbringen (vgl. Gugutzer 2017, S. 156).

Ohne auf die weiteren Differenzierungen von Situationen im Detail einzugehen, ist es jedoch wichtig, die Unterscheidung in „persönliche" und „gemeinsame Situation" nachvollziehbar zu machen. Die persönliche Situation entspricht der Persönlichkeit oder dem Charakter von Personen und ist dabei stets eingebettet und Teil von gemeinsamen Situationen, deren Quelle die leibliche Kommunikation und insbesondere die antagonistische wechselseitige Einleibung sind (ebd., S. 158).

Der daraus von Gugutzer entwickelte „Methodologische Situationismus" der NPS hat zur Aufgabe, den Sachverhalt, die Programme und die Probleme von gemeinsamen Situationen sowie die Rolle der leiblichen Subjekte und deren gegenseitige Verhältnisse zu analysieren. Wie bereits eingeführt, beschränkt sich Schmitz' Theorie dabei nicht auf menschliche Teilnehmende, sondern schließt nichtmenschliche Entitäten wie Atmosphären oder Dinge explizit mit ein. „Der thematische Ausgangspunkt *empirischer* Untersuchungen sind gleichwohl typischerweise Phänomene, die einzelnen Menschen nahegehen" (ebd., S. 160, Herv. i. O.) und dabei insbesondere solche, die problematisch sind, da sie Missverständnisse, gesellschaftliche Konflikte oder Krisen beinhalten.

Gugutzer sieht die Methoden qualitativer Sozialforschung als einzige Möglichkeit der Durchführung solcher empirischen Untersuchungen, da es nur mit diesen möglich sei, sich der Komplexität gemeinsamer Situationen zu nähern. Mit deskriptiven Verfahren können die Leiblichkeit und die leibliche Kommunikation ebenso beschrieben werden wie die Teilnahme nichtmenschlicher Entitäten an der Situation. Rekonstruktive Verfahren könnten Programmgehalte und eingebettete persönliche Situationen analysieren. Schließlich sind auch die Situationen und der Leib des Forschenden selbstreflexiv zum Thema zu machen (vgl. ebd., S. 160f.).

Die NPS ist, wie Gugutzer selbst schreibt, bisher eher ein „Programm" als ein komplett entwickelter „soziologischer Ansatz" (ebd., S. 149) und auch der Methodologische Situationismus stellt bisher eher eine Haltung als eine konkrete Vorgehensweise dar. Der Ruf nach empirischen Studien im Sinne dieser Herangehensweise, dem mit dieser Arbeit gefolgt wird, setzt also voraus, bewährte methodologische Vorgehensweisen im Rahmen der NPS anzuwenden, wofür in diesem Fall die Grounded Theory Methodologie gewählt wurde. Diese ist kein rein deskriptives Verfahren, aber startet dennoch bei der „Leiblichkeit der Patheure", „der leiblichen Kommunikation" und schließt „nicht-menschliche Situationsteilnehmer" ein (Gugutzer 2017, S. 161), um von dort aus Theorien zu entwickeln, die innerhalb der NPS verortet werden können. Zunächst wird jedoch die nötige Erweiterung hergeleitet, die insbesondere für die Analyse von digital vermittelten Situationen nötig ist.

3.3 Vermittelt unmittelbare Situationen und der Leiberspace

Die in Kapitel 2.3 geschilderten Grenzen soziologischer Interaktions- und Raumtheorien, die für Interaktion einen gemeinsamen Ortsraum zur Bedingung machen, setzen sich in Bezug auf die Analyse medial vermittelter Situationen auch in der NPS fort. Obwohl dies nicht explizit bei Schmitz begründet ist, definiert Gugutzer die Ganzheit der Situation über ihre ortsräumliche Ganzheit, anstatt auch eine leibräumliche Ganzheit in Betracht zu ziehen, die um Personen oder Entitäten an unterschiedlichen Zeit-Ortsräumen entstehen kann, wenn gemeinsame Quasi-Leiber in Einleibungen hervortreten oder übergreifende Atmosphären um die Teilnehmenden herum wirken. Schmitz betont umgekehrt die Wichtigkeit der leiblichen Kommunikation, die möglicherweise sinnlich nicht wahrnehmbaren (bspw. nicht sichtbaren) Aspekten zuvorkommt:

> Der Kanal für den Umgang mit Situationen ist ferner nicht auf die psychophysischen Bahnen der fünf Sinne verteilt, sondern besteht ganzheitlicher in der Einleibung, die sich daraus ergibt, daß die Achse leiblicher Dynamik, der vitale Antrieb als Dialog der antagonistischen Tendenzen Engung und Weitung, den einzelnen Leib des Individuums immer schon übertrifft und mit Begegnendem, das keineswegs selbst leiblich oder gar ein Bewußthaber sein muß, antagonistisch oder solidarisch zusammenschließt. (Schmitz 2005, S. 132)

In Alltagserfahrungen und phänomenologischen Beschreibungen lässt sich eine Vielzahl verschiedener Situationen finden, in denen ortsräumliche Distanz und leibliche Kommunikation zusammenfallen, von denen Videokonferenzen aufgrund der Ähnlichkeit zu Face-to-Face-Situationen noch die naheliegenden sind. Andere alltägliche Beispiele, in denen keine zeit- und ortsräumliche Ganzheit bestehen muss, sind bspw. Telefonate, das Erleben von Kunstwerken oder Medienerzeugnissen, Briefwechsel, Erinnerungen an geliebte Menschen, Großwetterlagen oder Unwetter. Schmitz betont besonders am Beispiel von Gesprächen, dass die Verständigung eben nicht über die Konfiguration einzelner Sinnesreize geschaffen wird, sondern aus „der Bedeutsamkeit der mit Situationen beladenen Situationen" (Schmitz 2005, S. 136) und somit auch Vergangenes, persönliche Situationen, Prägungen etc. mit beinhaltet. Die aktuelle Situation des Gesprächs wird dabei aber immer durch wechselseitige Einleibung geschaffen. Sie bedient sich neben Blickwechseln im Falle von „Ferngesprächen", also Telefonaten, „synästhetischen Charakteren und (z.B. rhythmischen) Bewegungssuggestionen des Stimmschalls" (ebd., S. 134). Womit gemeint ist, dass es eine Art über alle Sinne verbreitete Eigenschaften (wie das Helle, Warme, Harte, Kalte) gibt und „Vorzeichnungen einer Bewegung, die über das Maß der ausgeführten Bewegung, falls eine solche erfolgt, hinausgeht" (Schmitz 2011, S. 33), die je leiblich wahrgenommen werden können. Über diese schwer greifbaren allgemeineren Begrifflichkeiten hinaus legt Schmitz' Phänomenologie keinen Schwerpunkt auf vermittelte Situationen, aber es lässt sich festhalten, dass in solchen Einleibungen stattfinden können.

Digital vermittelte Situationen werden von Schmitz nicht direkt thematisiert, er plädiert aber entschieden gegen die „Ideologie der totalen Vernetzung, die sich fast unaufhaltsam – gestützt durch das mit den Computern siegreiche technische Leitbild der Digitalisierung – zur Herrschaft [...] aufzuschwingen im Begriff ist" (Schmitz 2005, S. 10) und dabei die Ebenen der Subjektivität und des affektiven leiblichen Betroffenseins verdrängen. Eine Ergänzung seiner Theorie um Aspekte zur besseren leiborientierten Untersuchung von Situationen mit digitaler Vermittlung ist also möglich, ohne das theoretische Gebäude als solches in Frage zu stellen und entspricht seiner Stoßrichtung, auch in Zeiten der Digitalisierung nicht die Perspektive auf leibliche Dynamiken und Erlebnisse zu verlieren.

Die folgende Ergänzung erfolgt in Anlehnung an Lindemanns (vgl. 1993; 2014) Kombination der Neophänomenologie mit Plessners „Gesetz der vermittelten Unmittelbarkeit" (Plessner [1928] 1975). Dieses besagt, dass dem „exzentrisch positionalen Selbst", als ein welches ein Mensch in den meisten Fällen im Sinne Plessners beschrieben werden kann, seine Grenze bewusst ist, wodurch eine „indirekt-direkte" Beziehung entsteht. Dadurch, dass der Mensch diese Grenze, diese Vermittlung nicht nur kennt, sondern in ihr aufgeht, nimmt er die Vermitteltheit aller Eindrücke gleichzeitig unmittelbar wahr – vermittelt unmittelbar.

Es zeigt sich in den Beschreibungen der Videokonferenz-Teilnehmenden, dass sie dafür sensibilisiert sind, „soziale Personen", und ihre „personalen Darstellungen" (Lindemann 2014) als Mitteilungshandlungen trotz der Vermitteltheit durch das Video als unmittelbar zu erleben (s. Kapitel 5.3). In diesem Sinne ist es erklärbar, dass leibliche Regungen als unmittelbar wahrgenommen werden, egal ob sie durch Videokonferenzsoftware, Computer, Webcams, Bildschirme vermittelt werden oder wie in Face-to-Face-Situationen durch die Grenzen der sinnlichen Wahrnehmung, den Habitus, das Erfahrungswissen.

Die Annahme, dass die ‚reine' leibliche Regung als präkognitive Empfindung nicht durch digitale Vermittlung transportiert werden könne oder keine Regungen mehrerer Leiber vermittelt hin- und herwechseln könnten, lässt sich durch die Ergänzung mit Plessners Konzept der vermittelten Unmittelbarkeit nicht entkräften, aber entscheidend präzisieren: Leibliche Regungen sind in Plessners Sinne immer vermittelt oder mit Schmitz nie ‚rein leiblich'. Sondern immer Teil des Umgangs des Menschen mit der „unklaren, schillernden Mittelstellung zwischen den beiden Extremen der primitiven und der vollständig entfalteten Gegenwart" (Schmitz 1967, S. 18). Selbst in Ausnahmesituationen wie überraschenden Gefahren, in denen die leibliche Regung kurzzeitig überhandnimmt, bleibt immer auch die Person, das Bewusstsein, die Objektivierung erhalten. Und mit dieser Distanz zu den eigenen leiblichen Regungen geht die Selbstverständlichkeit einher, auch leibliche Regungen fast immer symbolisch vermittelt zu erleben und auch über leibliche Regungen vermittelt zu kommunizieren, wie es die Formulierung der „mit Situationen beladenen Situationen" (Schmitz 2005, S. 136) andeutet. Im Alltag ist dabei egal, ob offline oder online, im gegenseitigen Angesicht, am Telefon, durch eine Sonnenbrille oder eine Videokonferenz-Software.

Die Kombination von Schmitz' Leibphänomenologie und Plessners Gesetz der vermittelten Unmittelbarkeit wenden Lindemann und Schünemann (2020) auf einen empirischen Fall an, einen Konflikt in der Entwicklung von Open Source Software, ausgetragen in schriftlicher Form einer Mailinglist. Um die in Kapitel 2 geschilderten Grenzen soziologischer Interaktionstheorien zu überkommen, schlagen sie einen Zugang über eine Interpretation von Schmitz' „Weiteraum" vor, den sie als „social resonance space" (Lindemann und Schünemann 2020, S. 639) bezeichnen. In diesem Resonanzraum, der auch in digital vermittelten Situationen grundlegend ist, können Leibregungen auch vermittelt als unmittelbar erlebt werden.

Ermöglicht werde dieser durch den „digitalen Raum" (ebd.), der völlig losgelöst vom leiblichen Empfinden funktioniere und in welchem, im Gegensatz zu nicht-digital-vermittelten Situationen, eine automatisierte technische Vermittlung stattfinde, deren leiblich wahrnehmbare Oberfläche vermittelt unmittelbar erlebt wird.

Daran anschließend lässt sich an dieser Stelle aus der Empirie vorwegnehmen, dass aus leiblicher Perspektive in Videokonferenzen keine zweite virtuelle Welt, kein *Cyberspace*, sondern übergreifende Quasi-Leiber oder Atmosphären zwischen den Usern bzw. um die ortsräumlich entfernten User herum wahrgenommen werden[1]. Statt über den Begriff des Cyberspace als Paralleluniversen, in die sich das Bewusstsein fliehen kann, ist es in medial vermittelten Situationen also essentiell, den Blick auf das unbewusste leibliche Empfinden zu richten. Die übergreifenden Leib-Regungen, die um die User herum in digital vermittelten Situationen geschaffen und erlebt werden, lassen sich mit dem Begriff des *Leiberspace*[2] fassen. Dieser beschreibt die spezifische Ausprägung der übergreifenden Quasi-Leiber und Atmosphären und somit der leiblichen Interaktion und Kommunikation in digital vermittelten Situationen, in welchen User einseitig eingeleibt werden oder der vitale Antrieb in einer wechselseitig antagonistischen Einleibung zwischen den Usern hin- und herwechselt. Analog zum Leib bei Schmitz, welcher kein zweites Ding meint, sondern auf den

1 Dass es leibliche Kommunikation im Rahmen von Cyberspace-Situationen geben kann, quasi eine leibliche Telepräsenz, ist damit nicht ausgeschlossen, steht hier aber nicht im Mittelpunkt der Diskussion. Cyberspace-Situationen wären bspw. in komplett virtuellen Welten mit Avataren, wie bspw. in *Second Life*, gegeben (hierzu bspw. Boellstorff 2015). Bei Videokonferenzen kommen solche üblicherweise nicht vor, da in diesen Video und Audio der kommunizierenden Körper übermittelt werden.

2 Der Begriff *Leiberspace* und die entsprechende Definition wurden durch den Autor im Rahmen der Tagung des *AK Digitalisierung und Soziologische Theorie der DGS-Sektion Soziologische Theorie* zum Thema „Anwesenheit, Kommunikation und Interaktion im Raum der Digitalisierung" vorgestellt. Daran anschließend wurde der Begriff insbesondere von Fuhr (2021) aufgegriffen. Bisher war der Begriff nach Kenntnis des Autors lediglich in der Übersetzung eines Jugendbuchs als Gegenteil zum Cyberspace aufgetaucht: „Es sei denn, die Computercracks sind im Leiberspace so findig wie im Cyberspace." (Balan 2001) Außerdem, ebenso und sicher nicht zufälligerweise aus der Zeit, in der der Cyberspace-Begriff groß war, findet sich der Leiberspace in dem Bericht aus einem „illegalen Psychedelicgoatechnotranceclub" um die Jahrtausendwende: „Breites Grinsen, ein flinkes Filzen, ein kurzer sanfter Griff an meine Eier, ja, es ist noch alles dran, und schon bin ich drin. Willkommen im Leiberspace! Aus einer Sprayflasche sprüht phosphoreszierender LSD-Dampf." (Auf dem Hövel 1999)

Zustand, also die leiblichen *Regungen* zielt, ist auch der Leiberspace nicht als Orts- oder Raumbezeichnung gemeint, sondern als Beschreibung des Zustands und Zustandekommens der gemeinsamen leiblichen Wahrnehmungen in digital vermittelten Situationen wie der Videokonferenz. Statt ortsräumlich ist er von einer leiblich-kommunizierten „Gegend“ (Schmitz 1967) her zu denken, also von einer nicht-ortsräumlichen Differenzierung des Weiteraums, wofür Lindemann (2022) den Begriff der „digitalen institutionellen Gegend“ einführt.

In Bezug auf den in Kapitel 3.2 dargestellten Bedarf einer Erweiterung der NPS lässt sich schließen, dass die „Ganzheit“ als „Zusammenhalt“ und „Abgehobenheit nach außen“ (Schmitz 2005, S. 22) auch bei separierten Ortsräumen und in digital vermittelten Situationen durch die empfindenden Interaktionspartner*innen gegeben ist, wenn Einleibung vorherrscht. Wird der Fokus weniger auf die unvermittelt leiblich wahrgenommenen Regungen gelegt, sondern die grundsätzliche Vermitteltheit von Alltagsregungen und Alltagseinleibungen angenommen, lassen sich die empirischen Ergebnisse auch theoretisch verorten. Die vermittelte Kommunikation und Wahrnehmung von Leibregungen lassen sich durch die Position des Menschen in der Mittelstellung zwischen primitiver und entfalteter Gegenwart bei Schmitz oder die Doppelapektivität und insbesondere die vermittelte Unmittelbarkeit bei Plessner fassen. Die räumliche Ganzheit einer Situation ist also ebenso gegeben, wenn sich die Ganzheit nicht auf den gemeinsamen Ortsraum, sondern auf den übergreifenden gemeinsamen Leiberspace bezieht. Diese Perspektive wird als Ergänzung in der weiteren Anwendung der NPS mitgeführt, die als solche – ebenso wie Schmitz‘ Neue Phänomenologie – aufgrund der Anschlussfähigkeit und ähnlichen Stoßrichtung nicht grundsätzlich in Frage gestellt werden muss.

Da die NPS wie erläutert keine eigene umfängliche Methodologie vorschlägt, wird die „Grounded Theory Methodologie“ (Glaser und Strauss 1967) als bewährte methodologische Vorgehensweise im Rahmen der NPS angewendet und dafür ihre Grundprinzipien im anschließenden Kapitel vorgestellt. Es folgen der Verlauf und das Vorgehen der Forschung, deren ausführliche Darlegungen das Kapitel abschließen. Die NPS rückt währenddessen teilweise in den Hintergrund, gibt aber in den anschließend präsentierten Ergebnissen wieder den Analyserahmen vor.

4 Methodologisches Vorgehen

Es wurde dargelegt, dass die bestehenden soziologischen Interaktionstheorien nur bedingt in der Lage sind zu bearbeiten, wie trotz der medialen Vermittlung, wie trotz der großen örtlichen und körperlichen Distanz leibliche Kommunikationen und Dynamiken während Videokonferenzen zutage treten. Als Vokabular, um leibliche Regungen und Atmosphären zu untersuchen, wurden die Grundbegriffe der Neuen Phänomenologie von Hermann Schmitz vorgestellt und die NPS als soziologischer Zugriff gewählt. Die NPS wurde allerdings, in Anlehnung an Lindemann, um Plessners Gesetz der vermittelten Unmittelbarkeit ergänzt, welches mit dem Schluss in die Neue Phänomenologie integriert wurde, dass der Mensch (fast) nie rein leiblich wahrnimmt, sondern in seiner personalen Emanzipation immer Objektivierungen und somit Vermittlungen vornimmt. Als räumliche Ganzheit einer Situation kann also nicht nur ein einheitlicher Ortsraum, sondern auch die Ganzheit von übergreifenden Quasi-Leibern oder Atmosphären verstanden werden, welche im Fall digitaler Vermittlung wie in Videokonferenzen mit dem Begriff *Leiberspace* benannt werden können.

Da die NPS als junges Programm keine eigene methodologische Vorgehensweise bietet, sondern auf die Methoden der qualitativen Sozialforschung verweist, wird im weiteren Verlauf die „Grounded Theory Methodologie" (Glaser und Strauss 1967) als bewährte methodologische Vorgehensweise im Rahmen der NPS angewendet. Es geht dabei nicht darum, Reibungspunkte der beiden Herangehensweisen aufzuzeigen, sondern das Ziel ist vielmehr die Befruchtung der NPS durch die mögliche Vielfalt von Erhebungsformen und die erprobte Arbeitsweise der Grounded Theory Methodologie. Dabei wird keine neue Methodologie theoretisch hergeleitet oder die NPS erweitert, sondern der Antrieb ist, aus der Forschungserfahrung heraus eine valide Theoriebildung zugunsten der NPS zu erzielen. Der Grounded Theory Ansatz verliert durch die Einbettung in die NPS, wie hier geschehen, seine puristische Form der Theoriegewinnung aus dem Material, jedoch ist es ohnehin unmöglich, Theorien ohne Voranahmen oder ontologische Überzeugungen aus rohen Daten zu ermitteln. Die „partiale Perspektive" (Haraway 1988) des Forschers ist somit aber zumindest teilweise expliziert.

Anschließend an das methodische Vorgehen wird der Forschungsverlauf ausgiebig dargelegt, bevor im abschließenden Hauptkapitel die gewonnenen Ergebnisse dargestellt und analysiert werden können.

4.1 Grounded Theory Methodologie

Als methodologische Vorgehensweise wurde die von Glaser und Strauß Mitte der 1960er Jahre entwickelte Grounded Theory Methodologie (GTM) in ihrer nach Przyborski und Wohlrab-Sahr (2014) beschriebenen Form gewählt. Die Grundidee der Grounded Theory: "We argue [...] for grounding theory in social research itself – for generating it from the data" (Glaser und Strauss 1967, : S. viii) wird dabei durch die Einfassung innerhalb der NPS nicht verloren gehen.

Przborski und Wohlrab-Sahr folgend, lässt sich die Methodologie der Grounded Theory in fünf Grundprinzipien beschreiben: Dies sei erstens der „Wechselprozess von Datenerhebung und Auswertung und Theoretische[m] Sampling" (Przyborski und Wohlrab-Sahr 2014, S. 200), welchem zufolge, erst nachdem provisorische Konzepte entwickelt worden sind, weitere Daten erhoben werden, die die Konzepte erweitern, widerlegen oder ergänzen und somit zur Sättigung der Theoriebildung beitragen. Zweitens das Theorieorientierte Kodieren, welches die Überführung von Daten in Theorien meint. Diese beginnt in der Regel mit dem Entwickeln vorläufiger Konzepte in der Phase des „Offenen Kodierens", gefolgt vom „Axialen Kodieren", welches die Kategorien weiter ausarbeitet und abgrenzt, sowie dem „Selektiven Kodieren", welches das Material mit Blick auf entwickelte wichtige Konzepte und Kategorien hin betrachtet (ebd., S. 211). Drittens das ständige Vergleichen der entdeckten Phänomene und der herausgearbeiteten Konzepte zur weiteren Präzisierung. Viertens das Schreiben von „Memos", in denen von Beginn der Forschung an theoretische Überlegungen festgehalten werden. Die Memos begleiten und reflektieren dabei gleichzeitig auch den Forschungsprozess. Und fünftens der non-lineare Forschungsprozess, der sich aus den vier vorgenannten Prinzipien ergibt. Die Schritte beeinflussen sich gegenseitig und stehen in direkter Abhängigkeit zueinander (ebd., S. 200).

Hinzu kommt, wie es das vielzitierte Statement "All is data" (Glaser 2007) auf den Punkt bringt, dass der Schwerpunkt der Methodologie nicht auf einer Form der Erhebung liegt, sondern dass im Gegenteil in der Analyse unterschiedlichste Materialien zu Daten werden können. Somit ermöglicht die Grounded Theory für die hier angestellten Untersuchungen auch die Einbeziehung von ethnographischem Material wie einem Forschungstagebuch und vielen informellen Gesprächen, welche leitend für die ersten Konzepte, Hypothesen und die (Weiter-)Entwicklung der Forschungsfrage gewesen sind. Damit einhergehend kann auch die von Gugutzer geforderte selbstreflexive Betrachtung der „Forschungssituation" und des „Forscherleibes" realisiert werden und in die Theoriebildung einfließen (Gugutzer 2017, S. 161).

Wie diese Grundprinzipien im konkreten Forschungsverlauf umgesetzt wurden, wird im kommenden Kapitel anhand der Phasen des Forschungsprozesses thematisch beschrieben und aus der ethnographischen Sicht des Forschers wiedergegeben, bevor anschließend die daraus gewonnenen Ergebnisse dargestellt werden.

4.2 Forschungsverlauf

Als Ausgangsidee stand zu Beginn der Forschung zunächst die Beobachtung von Menschen in Zeiten der Corona-Pandemie, die sich auf dem Gehsteig begegnen und eine Art Tanz umeinander aufführen, körperliche Abstände einhaltend. Befreundete Menschen, die sich nicht mehr berühren durften, versuchten neue Begrüßungsgesten mit Füßen oder Ellenbogen als Ersatz für eine Umarmung zu etablieren. Auf den ersten Blick ist von diesen Situationen nicht viel übrig geblieben, außer der großen Einbettung in den Kontext von Corona. Wie jedoch in der späteren Analyse sichtbar werden wird, liegt die Gemeinsamkeit vor allem in dem Wollen-und-nicht-Dürfen, in dem *gehinderten ,Weg!'*, gepaart mit einer Art *gehindertem ,Hin!'*, dem Verbot der körperlichen Nähe, welches schließlich durch andere Formen der Nähe versucht wird zu kompensieren. In jedem Fall sind alle beschriebenen Situationen solche, in denen es zu einleibenden Erlebnissen kommt. Bspw. in der reinen Gegenwart des Tanzes – auch auf dem Gehsteig – kommt es mit Schmitz zur freien Entfaltung der leiblichen Regungen (vgl. Soentgen 1998, S. 10), einer insofern rhythmischen wechselseitigen Einleibung mit Fremden, einem leiblichen Hin-und-Her-Geworfensein zwischen Engung und Weitung.

Im Folgenden werden die Phasen der Forschung grob zusammengefasst, wie es die GTM vorsieht, um eine umfassende Reflexion und Dokumentation des Forschungsprozesses zu gewährleisten (vgl. Przyborski und Wohlrab-Sahr 2014, S. 191). Der Ablauf ist dabei nicht als chronologisch zu verstehen, sondern als non-linear, wie im vorherigen Kapitel erläutert.

4.2.1 Ethnographischer Feldzugang

Durch das eigene ethnographische Erleben unter den Bedingungen des Lockdowns sowie zahlreiche Gespräche im Familien-, Freundes- und Bekanntenkreis drängte sich das gewählte Thema geradezu auf: Treffen mit Freund*innen zu Kaffee und Kuchen, das Trauergespräch nach einem Corona-Todesfall in der Familie, Seminare, Vorlesungen, Schulkonferenzen oder Yogaunterricht wurden auf einmal mit Videokonferenzsoftware am Computer durchgeführt. Durch theoretische und forschungspraktische Diskussionen und Eingrenzungen mit den Betreuerinnen und anderen Fachkolleg*innen wurde der Schwerpunkt auf Situationen gelegt, bei denen Teile oder die gesamte Kommunikation über digitale Videokonferenz-Software durchgeführt werden und an denen mehr als eine Person beteiligt ist.

Verschiedene Menschen im Umfeld des Forschers zeigten großes Interesse und Bedürfnis, darüber zu sprechen, was diese Verlegung ins Video mit sich bringe. Der Feldzugang gestaltete sich somit ausgesprochen einfach, das Feld kam geradezu von selbst auf den Forscher zu. Da die Beobachtung und Analyse des Feldzugangs bereits Erkenntnisse über das Feld liefern können (vgl. Breidenstein et al. 2013), ist dies erwähnenswert. Die Offenheit des Feldes, die sich auch in dem ausschließlich positiven Zusage-Verhalten der angefragten Interviewpartner*innen wiederholte, zeigte, wie allgegenwärtig und meist unproblematisch das Thema Videokonferenzen wahrgenommen wurde und dass es eine aktuelle Relevanz gab, über das Thema zu sprechen.

Bereits während dieser frühen Phase entstand das Forschungstagebuch, welches auch Notizen aus den zahlreichen informellen Alltagsgesprächen enthält. Es diente außerdem über den gesamten Forschungsverlauf zur Nachvollziehbarkeit erster Kategorien, aber auch zur Reflexion der eigenen Position sowohl im Feld als auch in den untersuchten Videokonferenz-Situationen. Das Forschungstagebuch ist dabei nicht streng gegliedert, aber differenziert durch unterschiedliche Farben und Überschriften in „Beobachtungen (die eigentlichen empirischen Notizen), Kontextinformationen, methodische und Rollen-Reflexion sowie theoretische Reflexion“ (vgl. Przyborski und Wohlrab-Sahr 2014, S. 49).

4.2.2 Interviews als zentrales Erhebungsverfahren

Anhand der Entwicklung und Diskussion vorläufiger Konzepte des ethnographischen Materials sowie der zugrundeliegenden leibphänomenologischen Theorie wurde ein erster Leitfaden für halb-strukturierte narrative Leitfaden-Interviews entwickelt. Dieser wurde im weiteren Prozess stetig an die entwickelten Theorien und entstandenen Schwerpunkte angepasst.

Das ursprünglich von Schütze entwickelte narrative Interview geht davon aus, dass die im Interview erzählten eigenen Erlebnisse die Form der Darstellung von Sachverhalten ist, die „der Reproduktion der kognitiven Aufbereitung des erlebten Ereignisablaufs am nächsten kommt" (Przyborski und Wohlrab-Sahr 2014, S. 80).

Ebendiese kognitive Aufbereitung kann möglicherweise die Untersuchung der erlebten leiblichen Regungen und Dynamiken behindern, ist aber unumgänglich, da eine direkte Analyse des empfundenen Leibes nicht möglich ist und nur auf die kognitiv reflektierten Berichte von Menschen zurückgegriffen werden kann. Perspektivisch sind alternative empirische Erhebungsformen für leibliche Regungen zu diskutieren (s. Kapitel 6.3).

Da narrative Interviews, trotz der genannten Einschränkungen, geeignet sind für Fragestellungen, in denen selbst erlebte Prozesse erzählt werden sollen, und ein erprobtes Schema bieten, wurden sie als Erhebungsverfahren ausgewählt. Dementsprechend ordnete sich das Ablaufschema in ein Vorgespräch, in dem datenschutzrechtliche Bestimmungen erläutert wurden und das Forschungsinstrument eingeführt wurde, gefolgt von einem Erzählstimulus, welcher offen nach Erlebnissen in Videokonferenzen fragte. Soweit möglich wurde auf die darauf folgende Eingangserzählung nur durch interessiertes Zuhören reagiert oder die Erzählung motivierend unterstützt. Der anschließende Nachfrageteil, geprägt von immanenten Nachfragen, vertiefte die Erzählung und förderte weitere bisher ausgelassene Teilerzählungen zutage, bevor der dritte und letzte Teil exmanente Fragen stellte, um, wenn nötig, auf bisher nicht angesprochene Themen einzugehen (vgl. ebd., S. 79ff.). In den beiden letzten Teilen wurden durch entsprechende Nachfragen die erlebten leiblichen Regungen in den Mittelpunkt gerückt.

Ähnlich wie Gugutzer für das Sampling seiner Untersuchungen von Ballett-Tanzenden und Ordensangehörigen argumentiert, wich das Vorgehen von dem Theoretischen Sampling der GTM ab, indem bereits vorher eine Orientierung auf kontrastierende Personengruppen gesetzt wurde. Durch diese kontrastreiche Auswahl kann trotz einer geringeren Interviewzahl eine Generalisierung in der Theoriebildung erreicht werden (vgl. Gugutzer 2002, S. 145). Wie auch Gugutzer an dieser Stelle zitiert: "By comparing where the facts are similar or different, we can generate properties of categories that increase the categories' generality and explanatory power" (Glaser und Strauss 1967, S. 26).

Als Interviewpartner*innen wurden demnach zunächst Personen ausgewählt, die Videokonferenzen in sehr unterschiedlichen Formen durchführen. Die zu Beginn festgelegten Interviews wurden mit einem *Lehrer* und einer *Yogalehrerin* geführt, die Teile ihrer sehr unterschiedlichen Arbeit aufgrund der Corona-Schutzmaßnahmen in Videokonferenzen verlagert hatten. Der Lehrer leitete eine Schulkonferenz, Elternabende und Unterricht per Videokonferenz. Die Yogalehrerin gab Kurse in einem hybriden System mit vor Ort und per Video Teilnehmenden und nahm selbst an Unterricht per Videokonferenz teil.

Als mehrfacher Kontrast kann das Interview mit einem *3D-Artist* gesehen werden, der sehr erfahren in der Nutzung von digitalen Videokonferenz-Tools ist, oder wie er selbst es scherzend formulierte: „Für Corona habe ich 15 Jahre trainiert!" (3D-Artist: Pos. 122). Er führte etliche Videokonferenzen, bei denen er in der Regel seinen Bildschirm teilt und Details von 3D-Animationen mit Kund*innen und Kolleg*innen bespricht. Die Videobilder mit den Gesichtern sind meist nur klein zu sehen.

Als vierte Interviewpartnerin bereits vorausgewählt war eine *Pastorin*, die unter anderem Arbeitstreffen und ein Trauergespräch in Videokonferenzen übertragen hatte. Mit ihr und auch besonders der letzten Interviewpartnerin, einer *Pflegefachkraft* (im Folgenden als *Pflegerin* abgekürzt), welche Videotelefonate zwischen Bewohner*innen eines Pflegeheims und deren Angehörigen begleitet hatte, lief neben den kontrastierenden Nutzungsformen parallel eine Art theoretisches Sampling anhand der Inhalte, wie die GTM es vorsieht. Zusätzlich zu der Generalisierung über die Gemeinsamkeiten in den kontrastierenden Nutzungen verschiedener Personen konnte somit gleichzeitig eine gewisse Sättigung in Bezug auf die Bereiche *Körper* und *Sorge* durch die Schilderungen der Yogalehrerin, der Pastorin und der Pflegerin erreicht werden.

Die Interviewten werden mit ihren Berufsbezeichnungen benannt, da sich die Nutzung von Videokonferenz-Software in allen Fällen insbesondere auf die Nutzung im beruflichen Umfeld konzentriert. Gleichzeitig ist zu erwähnen, dass viele der von den Interviewten durchgeführten Videokonferenzen für die anderen Teilnehmenden in nicht beruflichem Kontext wahrgenommen wurden: Unterricht und Elternabende, der Yogakurs, ein Trauergespräch oder das Videotelefonat mit den Angehörigen von Bewohner*innen sind für die Teilnehmenden eher private Kontexte. Auch hieran zeigt sich der zunächst unbewusste und später gezielte Fokus auf die Verwendung von Videokonferenzen in der Sorge-Arbeit.

Angefragt wurden zunächst dem Forscher persönlich bekannte Personen, mit denen zuvor keinerlei Gespräche zu dem Thema Leiblichkeit in Videokonferenzen geführt worden waren. Das persönliche Miteinander-Bekanntsein war, wie auch die Analyse bestätigt (vgl. Kapitel 4.3.2), ein positiver Einfluss auf eine gemeinsame einleibende Erfahrung, die es erleichterte, über die leiblichen Regungen und die persönlichen Erlebnisse der Interviewten zu sprechen. Der Lehrer, der 3D-Artist und die Yogalehrerin sind dem Forscher persönlich gut bekannt. Mit der Pastorin gab es nur ein einziges persönliches Treffen vor dem Interview bei einer Beisetzung unter Corona-Beschränkungen. Der Kontakt zur Pflegerin wurde von der Pastorin vermittelt, sie war zuvor nicht mit dem Forscher bekannt. Pastorin und Pflegerin hatten an ihrem gemeinsamen Arbeitsplatz vor den Interviews miteinander über das Thema Videokonferenzen gesprochen, nicht aber zwischen den Interviews.

Die Interviews wurden über die Videokonferenz-Softwares Zoom und Skype geführt. Somit wurde einerseits den Corona-Schutzmaßnahmen entsprochen, andererseits konnten im Vergleich zu einem Telefoninterview auch Gesten und Mimik (in begrenztem Maße) erfasst werden und schließlich wurden über die Verwendung des thematisierten Mediums auch Meta-Reflexionen und leibliche Reflexionen der Interview-Situation möglich. Auch wurde die Frage nach dem Erhebungsort in den Interviews thematisiert. So fanden die Interviews an zwei Ortsräumen gleichzeitig statt. Der Forscher saß während aller Interviews an seinem Schreibtisch im privaten Arbeitszimmer, was auch durch (Bücher-)Regale im Hintergrund ersichtlich war. Gleichzeitig wurde versucht, eine warme, einladende Stimmung zu erzeugen, um eine gute Gesprächsatmosphäre zu schaffen.

> Ich habe meinen Hintergrund aufgeräumt und die Beleuchtung so angepasst (Energiesparlampe vor mir und Glühlampe im Hintergrund auf die Wand gerichtet), dass ich nicht so klinisch aussehe, sondern ein eher wärmeres, aber immer neutrales Licht herrscht. (Forschungstagebuch, Pos. 106)

Auf der anderen Seite befanden sich die Interviewten meist in ihren privaten Räumen: Der Lehrer in seiner „Man Cave“ (Lehrer, Pos. 11), seinem Hobbyraum voller Schallplatten und Fahrradtrikots, die Yogalehrerin auf dem Bett sitzend in ihrem WG-Zimmer, die Pastorin an ihrem Küchentisch. Der 3D-Artist saß zunächst in einem Gemeinschaftsraum seines

Hauses, dann in seinem professionellen Homeoffice, seinem aktuellen Arbeitsplatz, aber wie er selbst schilderte, gleichzeitig immer noch zuhause. Die Pflegerin befand sich als einzige während des Interviews an ihrem Arbeitsplatz (und in ihrer Arbeitszeit): zunächst im Dienstzimmer und dann aufgrund schlechten Empfangs draußen auf dem Gelände des Pflegeheims. Bis auf den 3D-Artist, der in den USA lebt und arbeitet, hielten sich alle Interviewteilnehmenden im Norden Deutschlands auf. Die Interviewten waren zum Zeitpunkt der Interviews zwischen 30 und 60 Jahre alt.

Der Erhebungsort, an dem im besten Fall ergiebige Interviews möglichst störungsfrei, in angenehmer Atmosphäre und unter guten Aufzeichnungsbedingungen geführt werden können (vgl. Przyborski und Wohlrab-Sahr 2014, S. 63), wurde unter den genannten Umständen selbst Teil der Reflexion. Das Medium der Videotelefonie brachte für die Interviews die gleichen Vorteile, aber auch Grenzen mit sich, um die sie sich drehten.

Die Interviews wurden im Zeitraum vom 4.-24. Juni 2020 geführt und aufgezeichnet und dauerten von 35 Minuten bis etwas über eine Stunde. Anschließend wurden die Videoaufzeichnungen anhand eines angepassten vereinfachten Transkriptionssystems nach Dresing und Pehl (2011) mithilfe der Software *MAXQDA* verschriftlicht (vgl. Kuckartz und Rädiker 2019) und gleichzeitig anonymisiert, bevor sie anschließend ausgewertet wurden.

4.2.3 Auswertung in Pendelbewegungen

Wie in den Prinzipien der GTM beschrieben, sind die Auswertung und Theoriebildung Teil des ständigen Wechselprozesses zwischen Datenerhebung und Analyse sowie deren Dokumentation und Reflexion ein wichtiger Teil der Theoriebildung. Zur Veranschaulichung wird nun nach der Darlegung der Datenerhebung ein Überblick in die Auswertung ebendieser Daten gegeben.

Wie angedeutet, begann die erste Phase des offenen Kodierens bereits vor der primären Datenerhebung der Interviews. Aus den ersten Konzepten ergab sich die Forschungsfrage, wie trotz der medialen Vermittlung, wie trotz der großen örtlichen und körperlichen Distanz leibliche Kommunikationen und Empfindungen der Nähe in Videokonferenzen zutage treten. Zur Beantwortung wurden die Schwerpunkte der Interviews zunächst über die Raumwahrnehmung hin zu leiblichen Regungen und Atmosphären fokussiert, bevor die Bedingungen und Grenzen solcher einleibenden Prozesse in den Blick genommen wurden. Da die meisten Interviewten erst durch die Maßnahmen gegen das Corona-Virus mit

Videokonferenzsituationen vertraut geworden waren, lag außerdem ein Schwerpunkt auf der Veränderung von Nutzung, Sichtbarkeit und Störungen der Technik sowie Praktiken der zielgerichteten Einleibung durch Warm-Ups oder andere Rituale.

Nach den ersten beiden Interviews entwickelten sich einige der ersten Konzepte zu Kategorien weiter, die in den folgenden Interviews verstärkt beobachtet wurden, andere rückten wieder in den Hintergrund. Die ersten beiden Interviews mit dem Lehrer und dem 3D-Artist wurden zunächst ausgiebig offen kodiert, indem prägnante Passagen als Codes paraphrasiert wurden. Diese über 100 Kodierungen wurden anschließend, gemeinsam mit den bereits erstellten Konzepten und Kodierungen aus den ethnographischen Notizen, in MAXQDA sortiert und strukturiert. Diese erste Strukturierung gelang dabei unter Verwendung eines visuellen Tools, welches es erlaubt, die Kodierungen auf einer großen Fläche frei zu platzieren und zu verschieben, sodass Verbindungen und Muster sichtbar werden. Dieses „Creative Coding" (Kuckartz und Rädiker 2019, S. 102) ermöglichte es außerdem, bestehende Kodierungen zusammenzufassen und eine erste hierarchische Kategorien-Struktur einzuführen: Unter den Themen Technik, Leibliche Regungen, Sich-Sehen, Atmosphären, Raum, Körper und Inszenierung des Videobilds wurden etwa 20 Sub-Kategorien herausgearbeitet, die im weiteren Verlauf getestet, bestätigt oder angepasst wurden.

Teile der bereits erstellten Kategorien konnten im Axialen Kodieren auch im dritten Interview mit der Yogalehrerin bestätigt oder erweitert werden. Außerdem rückten insbesondere die Themen Körperkontakt und Sorge in den Vordergrund, die daraufhin auch in den bereits bestehenden Materialien erneut axial kodiert wurden.

Auch in den anschließenden Interviews mit der Pastorin und der Pflegerin waren die Themen Sorge sowie verbotener Körperkontakt und sein möglicher Ersatz bestimmende Kategorien, die insbesondere auf die Grenzen der Affizierung durch Videokonferenzen abzielten. Gleichzeitig konnten die früheren Kategorien zu Theorien ausgearbeitet werden, da sie sich trotz der sehr unterschiedlichen Situationen überall abzeichneten.

Während jeder Auswertungs-Runde wurden die bestehenden Memos aktualisiert oder neue hinzugefügt, die Kategorien-Struktur komprimiert und abschließend auf die wesentlichen Theorien formuliert, die im folgenden Kapitel ausführlich dargestellt und erläutert werden. Zunächst wird jedoch anhand eines Beispielcodes dargelegt, wie die Theoriebildung durchgeführt wurde.

4.2.4 Beispiel-Kategorie „Gemeinsames Trinken“

Aus den offenen Kodierungen des Forschungstagebuchs und den ersten Interviews zeichnete sich ab, dass eher eine gemeinsame Atmosphäre herrscht, wenn die Teilnehmenden einer Videokonferenz gleichzeitig Getränke (meist Kaffee, teils Alkohol) zu sich nehmen. Dies deutete sich bereits in den ethnographischen Erlebnissen durch regelmäßige Zoom-Treffen mit einer Gruppe Freund*innen, dem sog. „Kaffee Kall“ (Forschungstagebuch, Pos. 4), an und wurde dann explizit vom 3D-Artist geäußert, wodurch es zu einem Konzept in der Analyse wurde. Auf die Frage nach einer gemeinsamen Atmosphäre sagte er:

> Und dann macht man halt die Einladung: ‚Hey, ich habe einen neuen Pott Kaffee aufgesetzt‘. […] Man macht immer so eine Fünf-Minuten-Einleitung, da ist dann auch oft das der einzige Zeitpunkt, glaube ich in echt, wo Vollbild ist, weil wenn das Meeting zu Ende ist, ist kein Blabla, man will das gerade Verarbeitete und Besprochene ja dann auch schnell umsetzen. […] Man zeigt die Tasse Kaffee <bewegt seine Faust hoch, als würde er eine Tasse hochhalten> ins Bild und schlürft und dann geht es los. Irgendwie so. (3D-Artist, Pos. 50)

Und später:

> Wenn es so ein drei vier Monate Projekt ist, natürlich. Dann hat irgendwer auch mal Geburtstag, tralala, hält man ein Tässchen Sekt in die Kamera. So. Kommt auf die Länge des Projekts an, wie persönlich das wird. (3D-Artist, Pos. 60)

Auch der Lehrer berichtete von einer Einladung zum Weintrinken per Video, was er allerdings als „entbehrlich“ (Lehrer, Pos. 67) empfand, und die Pastorin reflektiert die Erzählungen ihres Sohnes über ein befreundetes Paar, welches eine Fernbeziehung zwischen Deutschland und den USA in Zeiten von Corona führt:

> Sie gehen sozusagen miteinander essen und arrangieren also richtig einen Raum, mit Weinglas oder was immer so und nehmen sich dann halt zwei Stunden Zeit, um sozusagen beim Essen, eigentlich was du sonst auch machst, wenn du in ein Restaurant gehst oder so, besser ins Gespräch zu kommen. (Pastorin, Pos. 34)

Unter Einbeziehung dieser und weiterer Schilderungen ergibt sich ein Bild, welches als Sub-Kategorie der Theorie „Gemeinsames Ritual“ hierarchisiert wurde und mit seiner folgenden vorläufigen Theoretisierung mit in die abschließende Gesamtanalyse (s. Kapitel 4.3.2) einbezogen wurde:

> *Gemeinsames Trinken* meist Kaffee/Tee, aber privat auch Alkohol.
> Im beruflichen Kontext wird die Kaffeeküche, das Informelle, damit quasi nachgestellt/inszeniert. Alle kochen sich Kaffee in ihren Büros und trinken zu Beginn des Meetings gemeinsam einen Kaffee. (+ Universeller Geschmack, Wärme, gemeinsames Erleben.)
> Auch das verliebte Paar trifft sich zum gemeinsamen Essen und Weintrinken und rekonstruiert so eine bekannte und positive gemeinsame Situation aus dem Erlebten. (Codememo Gemeinsames Trinken)

In der abschließenden Analyse wurde diese vorläufige Theorie in der Rahmung der NPS und mit dem Vokabular aus Schmitz' Alphabet der Leiblichkeit eingeordnet. Die Kategorie Gemeinsames Trinken wurde in diesem Schritt Teil der Analyse davon, wie die Inszenierung von Rahmen-Situationen Einleibungsprozesse begünstigen kann.

Die Erkenntnisse, die mit der dargelegten GTM und durch die theoretische Einordnung in der NPS gewonnen wurden, werden im folgenden Kapitel dargestellt und zusammengefasst.

5 Leibliche Nähe in Videokonferenzen

Nachdem die Grundbegriffe und das Vokabular der Neuen Phänomenologie und die darauf aufbauende NPS, als Antwort auf die mangelnde Tauglichkeit klassischer Interaktionstheorien, beschrieben wurden und nötige Ergänzungen um die Vermittelheit von Situationen vorgenommen, konnte mit der GTM eine bewährte methodologische Vorgehensweise gewählt werden. Die auf dem dargestellten Weg empirisch gewonnenen Ergebnisse und Theorien werden nun unter Einbeziehung der NPS als Rahmung und unter Verwendung des Vokabulars und der daraus abgeleiteten Theorie Hermann Schmitz' analysiert und eingeordnet. Es geht insofern im Folgenden nicht darum, die Theorien der NPS oder von Hermann Schmitz zu belegen, sondern mit einer bewährten und fundierten Vorgehensweise Theorien aus dem Material zu entwickeln und die Erkenntnisse mit Schmitz einzuordnen und fruchtbar zu machen.

Zunächst wird, im Sinne des Methodologischen Situationismus, die Situation Videokonferenz in Hinblick auf Sachverhalt, Programme und Probleme betrachtet (Kapitel 5.1). Dabei werden unterschiedliche Formen dargestellt, mit dem Ziel einer generalisierten Beschreibung der Situation Videokonferenz. Anschließend wird dargelegt, auf welchen Wegen Videokonferenzen auf die Regungen des Leibes weisen: erstens durch die Herausforderung der gewohnten örtlichen Denkweise, zweitens durch die Wahrnehmung leiblicher Regungen und Atmosphären im Leiberspace sowie drittens wiederum auch durch die Einschränkungen dieser leiblichen Kommunikation in Videokonferenzen im Vergleich zur Interaktion bei körperlicher Anwesenheit (Kapitel 5.2). Wie trotz dieser Grenzen Einleibungen in Videokonferenzen möglich sind und ermöglicht werden, wird anschließend herausgestellt. Dafür werden die Möglichkeiten und Grenzen einleibender Blicke, erfolgreiche Wege zu wechselseitiger Einleibung und Mitgefühl als einseitige Einleibung sowie verhinderte Möglichkeiten der Sorge herausgearbeitet (Kapitel 5.3). Als Gegenpol werden schließlich die Potentiale der Distanzierung während Videokonferenzen und Corona (Kapitel 5.4) angerissen, bevor die Ergebnisse abschließend zusammengefasst werden (Kapitel 5.5).

5.1 Die Situation Videokonferenz

Die in Schmitz' Situationstheorie angelegte und Gugutzers Methodologischem Situationismus geforderte Fokussierung auf Sachverhalt, Programme und Probleme von gemeinsamen Situationen wird nun für die Situation Videokonferenz einleitend dargestellt, bevor anschließend tiefergehend auf die Kommunikationen der leiblichen und nicht-leiblichen Elemente in diesen eingegangen wird. Sachverhalt, Programme und Probleme sind so unterschiedlich und vielfältig wie die Verwendungen von Videokonferenzen. Es wird aber in der Analyse nicht darum gehen, die einzelnen Situationen der Verwendungskontexte zu vergleichen oder zu analysieren. Vielmehr werden generelle Erkenntnisse in der *Situation Videokonferenz* herausgearbeitet, die sich durch spezifische Eigenheiten auszeichnet, welche durch die verschiedenen Nutzungsarten hinweg sichtbar sind: Die Sachverhalte und Programme werden aus Vorbild-Situationen übernommen und bleiben erhalten, werden aber durch spezifische Eigenschaften der Situation Videokonferenz ergänzt. Das Programm wird um spezifische Normen und Wünsche erweitert, welche eine Folge der technischen Umgebung sind. Ebenso technisch bedingt ist ein Teil der neuen Probleme, wie Verbindungsschwierigkeiten und die Vermischung von Beruf und Familie im Homeoffice. Hinzu kommen Probleme der leiblichen Kommunikation, die in späteren Kapiteln eingehender analysiert werden.

Wie eingangs erläutert, haben Videokonferenzen im Zuge der Kontaktbeschränkungen während der Corona-Pandemie Einzug in etliche Lebensbereiche gehalten und somit zusätzliche Einsatzarten und neue Nutzer*innengruppen erschlossen. Da die Technologie und Praxis dem beruflichen Kontext entstammen, lassen sich die Verwendungsarten und somit ihre Sachverhalte grob in drei Kategorien gliedern: Rein berufliche Nutzung wie Meetings und Konferenzen, rein private Verwendung z. B. als Ersatz für Feiern wie Geburtstage oder Treffen mit Freund*innen und schließlich Formen, die eine Zwischenstellung zwischen beruflicher und privater Nutzung einnehmen. Letztere traten speziell bei den geführten Interviews besonders häufig auf, da Lehrer, Yogalehrerin, Pastorin und Pflegerin in Sorge-Berufen arbeiten, die Privatpersonen als Empfänger*innen haben: ein Trauergespräch ist privat für die Angehörigen, aber beruflich für die Pastorin, Schulunterricht oder Yogastunden werden tendenziell für Privatpersonen gegeben und auch wenn die Bewohner*innen des Pflegeheims private Gespräche mit ihren Angehörigen führen, nimmt die Pflegerin beruflich daran teil. Wie diese berufliche Beschäftigung mit Menschen dazu führt, die Grenzen von Videokonferenzen aufzuzeigen, wird in den folgenden Kapiteln immer wieder Thema sein.

Wenn bestehende Situationen in Videokonferenzen verlegt werden, wie es bei fast allen Einsatzfeldern der Fall ist, bleiben die ursprünglichen Sachverhalte und Programme erhalten, wie nun an einigen Beispielen als Spezifikum der Situation Videokonferenz dargelegt wird. Selbst wenn die Videokonferenz-Situationen keine Verlegung von ursprünglichen Face-to-Face-Situationen darstellen (wie bspw. im Fall von Online-Gamern), haben sie jedoch etablierte und institutionalisierte Situationen als Vorlage. Insofern ist die in der klassischen Interaktionstheorie betonte Wichtigkeit von Vis-à-Vis-Situationen (s. Kapitel 2) nicht von der Hand zu weisen, aber eben nicht der einzige Fall von Interaktionen.

Die Yogalehrerin hat, auf die Initiative einer Freundin hin, bereits einen Tag nach Beginn des Shutdowns angefangen, Yogakurse per Videokonferenz anzubieten. Sie beschreibt den unveränderten Sachverhalt wie folgt:

> Und das läuft so ab, dass ich zweimal die Woche in meinem Yogaraum bin, den ich gemietet habe, und tatsächlich in diesem Raum aber auch noch vier weitere Personen sind, die mit mir üben, mit denen ich mich aber in Quarantäne befinde und sich dann Leute dazuschalten können, denen ich den Link schicke. [...] das dauert dann immer eineinhalb Stunden, 18:30 bis 20 Uhr, und es beginnt eigentlich immer schon zehn Minuten vorher, ich lade die Leute dann ein um Viertel nach und dann kommen sie meistens zwischen zwanzig nach und halb in den Raum, also in den digitalen Raum, und da frage ich dann immer so ein bisschen ab, wie es denen so geht, und dann geht es einfach ganz normal los. Also letztendlich ist mein Unterricht wie vorher, nur dass eben online Menschen dazukommen. (Yogalehrerin, Pos. 3)

Die beschriebene Situation mit am Ortsraum anwesenden Personen ist ein Sonder-, jedoch kein Einzelfall und wird an anderer Stelle kurz erläutert (Kapitel 5.3.2). Die Einschätzung der Yogalehrerin, dass es „einfach ganz normal" abläuft, wird sie im Laufe des Gesprächs selbst in Frage stellen. Dennoch illustriert dieses Beispiel, wie in der Verwendung von Videokonferenz-Software bereits bestehende Sachverhalte und Programme übernommen werden. Auch die vom Lehrer geschilderten bekannten Situationen übertragen die bestehenden Sachverhalte und Programme in die Videokonferenz:

> […] das sind Lehrerkonferenzen, die ich leite, mit bis zu 40 Personen, per Zoom, dann habe ich – also das kommt auch immer noch regelmäßig vor; dann gibt es die Elternabende, die ich auch per Zoom mache, da kam bis jetzt erst einer vor und dann hab ich mehrfach Unterricht gemacht per Zoom. (Lehrer, Pos. 3)

> Ich persönlich finde, es ist nur ein anderes Medium und man muss sich darauf einlassen und man könnte durchaus auch schwierigste Themen so verorten. Also man kann das gut, eigentlich kann man das alles gut machen, ich find's ein tolles Tool, auch jetzt, wo wir eigentlich keine gute Verbindung haben, funktioniert es. (Lehrer, Pos. 11)

Die Annahme, dass auch schwierige Themen in Videokonferenzen verlegt werden können, zeigt beispielhaft, wie mit den Sachverhalten auch bestehende Programme und Funktionsweisen übertragen werden können. Doch, und das ist Teil der spezifischen Eigenschaften der Situation Videokonferenz, werden durch die Verlagerung in Videokonferenzen, durch die Anwesenheit der Technik nicht nur neue Probleme geschaffen, sondern auch neue Normen und Wünsche. Neue Normen, also das, was sein soll, sind in Videokonferenz-Situationen bspw. der Bedarf eines digitalen Endgeräts mit Mikrofon und Kamera, eine schnelle Internetverbindung oder das Anerkennen der Datenschutzvereinbarungen der verwendeten Software. Wünsche sind, insbesondere auf Seiten der Konferenzleitenden (Hosts), die (korrekte) Verwendung der zur Verfügung stehenden technischen Mittel oder das technische Gelingen der Situation als solcher.

Auch Teile der vorhandenen Probleme der ursprünglichen Situationen werden übertragen. Es kommen jedoch spezifische Probleme der Videokonferenz hinzu, die die entscheidenden Unterschiede zu den ursprünglichen Situationen markieren und die spezifischen Eigenheiten der Situation Videokonferenz ausmachen. Dies sind zunächst die offensichtlichen und wiederum technischen Probleme, die auch von allen Interviewten angesprochen werden, auch weil die Technik vor allem dann sichtbar wird, wenn sie nicht funktioniert (vgl. Luhmann 1998, Kap. IX). Die am häufigsten betonten und beschriebenen – und auch in den Interviews erlebten – Probleme sind durch langsame oder störungsanfällige Internetverbindungen verursacht: Die Pflegerin macht unter anderem schlechten Empfang dafür verantwortlich, dass dementielle Bewohnende ihre Angehörigen auf dem Bildschirm zunächst nicht erkennen (vgl. Pflegerin, Pos. 30). Die Yogalehrerin sieht unter anderem die schlechte Verbindung als einen Grund an, warum das „Energie-Halten" nicht so funktioniert wie in den Yogastunden, die nicht per Videokonferenz gehalten werden:

> [...] wenn dann noch der Ton schlecht ist oder vielleicht die Verbindung (...) <schüttelt den Kopf> Das geht nicht. Also, das ist nicht ersetzbar, [...] das ist kein Äquivalent zu dem real life Yoga, was die Leute machen. (Yogalehrerin, Pos. 37)

Der Lehrer wohnt auf dem Land und muss sich das dort langsame Internet mit seiner Familie inklusive Kindern im Teenager-Alter teilen, was zu Konflikten führt. Der schnellere Internetanschluss ist aber nur einer der Gründe, warum er sich lieber aufs Fahrrad setzt und in die Schule fährt, um dort an Videokonferenzen teilzunehmen (vgl. Lehrer, Pos. 47).

Ein weiteres spezifisches Problem der Videokonferenzen ist, dass sich die Arbeit in private Homeoffices oder vergleichbare Räume verlagert und die Grenzen zwischen Beruf und Privatem verwischen. Der Lehrer arbeitet aufgrund der Konflikte und Ablenkungen lieber in der Schule in der Lehrerbibliothek: „Ich kann mich (unv.) besser konzentrieren und kann mich besser dem hingeben. Und es fühlt sich wie Arbeit an, das ist gut“ (Lehrer, Pos. 47). Auch die Pastorin führt Videokonferenzen lieber in ihrem Büro vor einem „nichtssagenden“ Hintergrund durch, da sie damit kontrollieren kann, wieweit sie die „Menschen oder die Situation“ (Pastorin, Pos. 48) an sich heranlässt und sie das Gesprächssetting so mitgestaltet. Dieser Aspekt der Gestaltung der Situation wird an späterer Stelle aufgegriffen und vertieft (Kapitel 5.3.2).

Selbst bei dem mit Videokonferenzen erfahrenen 3D-Artist kommt es im Laufe des Interviews zu einem innerfamiliären Konflikt, da er das Interview, weil dies für ihn eine private Unterhaltung ist, in einem öffentlichen Raum seines Hauses geführt hat (vgl. 3D-Artist, Pos. 29f.; Forschungstagebuch, Pos. 125). Er verlegt das Gespräch dann in sein Homeoffice. Auch die räumliche Trennung zu seinem professionell ausgestatteten Homeoffice reicht nicht, um die Linie zwischen Beruf und Privatem klar zu ziehen:

> Wenn man von zuhause arbeitet, ist man immer auf Arbeit, leider. Das ist die Realität, da kann man die Tür zu machen, aber trotzdem, wenn ich um Drei aufwache nachts und mir ein Wasser hole oder so, dann lugt man schon mal da rein, ob irgendwas abgestürzt ist oder so. (...) Wenn man von zuhause arbeitet, ist man immer auf Arbeit. Punkt. <lacht> [...] Das ist die Realität. Da tun Türen wenig. (3D-Artist, Pos. 118ff.)

Nur für die Yogalehrerin ist diese Unterscheidung nicht in dieser Form wichtig und die Verlegung in die Videokonferenz verschafft ihr Flexibilität, da ihre Arbeitsstelle nun überall dort sein kann, wo ihre Yogamatte liegt: „Ich brauche WLAN und genug Platz für meine Yogamatte <lacht>“ (Yogalehrerin, Pos. 65). Da die Pflegerin Videokonferenzen ausschließlich beruflich nutzt und ihr Beruf, wie viele Berufe im Gesundheits- und Pflegesektor, keine Heimarbeit ermöglicht (vgl. Bünning et al. 2020, S. 9), stellt sich für sie dieses Problem nicht.

Wie deutlich wurde, wird die Arbeitsatmosphäre am Arbeitsplatz für die Durchführung beruflicher und wichtiger Videokonferenzen bevorzugt. Der Ortsraum hilft dabei, sich in die angemessene Atmosphäre und damit in die Situation zu versetzen. Die Funktion des Ortes geht dabei über die dinglichen Eigenschaften hinaus: „Ich sitze immer in der Lehrerbibliothek und die hat echt, finde ich, eine ganz gute so Konzentration“ (Lehrer, Pos. 13). Und auch umgekehrt zurück ins Private: „Wenn ich zum Beispiel mit meiner Mutter [video-]telefoniere, sitze ich natürlich im Wohnzimmer und denke, weshalb ist sie nicht hier“ (Pastorin, Pos. 48).

Genau an dieser Stelle zeigt sich, warum die Analyse mit der Neophänomenologischen Soziologie mit der vorgenommenen Erweiterung weitergehende Erkenntnisse als andere Ansätze liefert. Durch die Betrachtung der Situationen mit dem Schmitz‘schen Vokabular geht die Analyse tiefer als die Reduzierung der Veränderung auf die Verlagerung der Situation in „nur ein anderes Medium“ (Lehrer, Pos. 11). Denn die Fokussierung auf den Leiberspace blickt nicht auf Medien als Verbindung zwischen diskreten Orts-Punkten, sondern vielmehr auf die verschiedenen Elemente, die sich innerhalb von diesen atmosphärischen und leiblichen Gegenden befinden und diese mit hervorbringen.

Außer den technischen Problemen sind Probleme der leiblichen Kommunikation typisch für die Situation Videokonferenz. Bereits die – für nicht medial vermittelte Situationen gewohnte – ortsräumliche Ganzheit wirft im Fall von Videokonferenzen nicht nur theoretisch, sondern auch für die leiblichen Empfindungen Fragen auf. Die ganzheitliche Räumlichkeit ist hier nämlich, wie in Kapitel 3.3 theoretisch argumentiert wurde, keine ortsräumliche und ist somit nicht automatisch mit dem Sachverhalt der Situation gegeben. Die räumliche Ganzheit des Leiberspace muss erst leiblich kommuniziert werden, wie im Folgenden ersichtlich wird.

5.2 Videokonferenzen weisen auf die Regungen des Leibes

Die Herausforderung der örtlichen Denkweise kann als Ausgangspunkt verstanden werden, an dem sich die Regungen des Leibes in Videokonferenzen den Teilnehmenden geradezu aufdrängen. Die Videokonferenz macht damit die Mittelstellung des Menschen zwischen der Öffnung für leibliche Regungen und der Abwendung durch „personale Emanzipation“ (Schmitz 1980, § 258) besonders anschaulich. Daran anknüpfend werden die empfundenen leiblichen Regungen und Atmosphären herausgestellt, die allerdings, wie anschließend aufgezeigt, gewissen Grenzen und Beschränkungen unterliegen. Dieses Zusammenfallen von Hinweisen auf leibliche Kommunikation mit ortsräumlicher Separiertheit sind die Themen der Analyse des umfassenden Problem-Komplexes, der sich in Videokonferenzen stellt: die Grenzen und Möglichkeiten leiblicher Kommunikation und der Umgang mit ihnen.

5.2.1 Herausforderung der örtlichen Denkweise durch leibliche Regungen

Die unkomplizierte Überbrückung ortsräumlicher Distanzen durch Videokonferenz-Software wird als positiv wahrgenommen und als Erleichterung und Chance hervorgehoben. So können Fahrwege eingespart und Informationen schnell ausgetauscht werden (vgl. Pastorin, Pos. 6), Yogastunden an jedem Ort gegeben und von überall an ihnen teilgenommen werden: „die sind ja in ganz Deutschland verteilt, ne, über Berlin, Bremen, Mannheim, überall sitzen die“ (Yogalehrerin, Pos. 29), Menschen von überall auf der Welt mit ihren Familienangehörigen im Pflegeheim Kontakt aufnehmen (vgl. Pflegerin, Pos. 28) und natürlich Arbeitsprozesse über den Globus verteilt werden: „Im Moment habe ich Projekte in Moskau, in Buenos Aires, in [Stadt in Deutschland] (...) wo denn noch? Eins fehlt. Ah, Paris. Paris, Athen auf Wiedersehen.“ (3D-Artist, Pos. 6)

Gleichzeitig wird immer wieder das An-einem-Ort-Sein in Frage gestellt oder die sprachlich übliche Beschreibung für Ortsräume und Zeiträume und die Personen in diesen genutzt, ohne eine Erklärung oder Erläuterung einer möglichen anderen Bedeutung im Kontext von Videokonferenz-Situationen. In den folgenden Auszügen sind die entsprechenden Textstellen zur Veranschaulichung hervorgehoben:

> Also, *wir* sind *jetzt* beide *zusammen*. An verschiedenen *Orten*. Und das kann man auch mit 40 Leuten sein. (Lehrer, Pos. 17)

> Nun bin ich *jetzt* auch hier gerade nachhause gekommen und denn habe ich das Teil gerade ausgepackt, da ich schon Anruf! Sagt mein Mann: ‚Du musst dich aber jetzt sputen‘. Und denn, ist *hier* so schöne Sonne, fällt *hier* noch in dieses Zimmer rein [...] Und dann dachte *ich*:

> ‚Och, ich nehme *Sie* mal *mit in meine Küche*‘ <lacht>. (Pastorin, Pos. 44ff.)

> Also *ich* fühle mich schon *in meinem Zimmer* und auch in meiner Privatsphäre, ich fühle eher körperlich quasi unbeobachtet eigentlich, gar nicht unbedingt *allein*. Und dann kommt ja manchmal so das Bewusstsein wieder von: ‚*Du* bist *hier* nicht *allein*‘, so, du bist mit sehr vielen anderen Leuten, die das *gerade* machen mit *dir*. Und das ist, ja, ist schon auf jeden Fall ein abgefahrenes Gefühl. (Yogalehrerin, Pos. 111)

Dieses „abgefahrene Gefühl“, von dem die Yogalehrerin berichtet, ist eine der typischen Eigenschaften, die Videokonferenzen ausmachen und die insbesondere dort sichtbar werden, wo die entsprechenden Situationen noch nicht institutionalisiert sind.

Wie in Kapitel 3.1.1 eingeführt und in Kapitel 3.3 diskutiert, sind die Objektivierung der Zeit und des Orts als „Hier“ und „Jetzt“, als Begrenzungen der unendlichen Weite des Leibraumes, in welcher Ordnung sich das „Ich“ positionieren kann, nach Schmitz (1967, § 116) die Prozesse der personalen Emanzipation.. Der Mensch entfernt sich von der maximalen Engung, dem gehinderten „Weg!“, dem Geworfensein auf den reinen Leib und steht über den nun objektivierten Dingen und Orten. Gleichzeitig bleibt er jedoch über seine leiblichen Regungen eng verbunden mit der Engung des Leibes.

Die ortsräumlich distribuierte Situation Videokonferenz rückt diese unklare Mittelstellung besonders in den Fokus, da die zeiträumliche Gegebenheit der Situation den leiblichen Regungen widerspricht. Die Situation macht erlebbar, dass der sich regende Leib und die leibliche Nähe nicht innerhalb des zeit- und ortsräumlichen Koordinatensystems zu verorten sind. Diese Herausforderung der örtlichen Denkweise entsteht, weil es trotz der örtlichen Distanz zu räumlichen Erlebnisses und anderen leiblichen Regungen in Videokonferenzen kommt, da Einleibungen erlebt werden, die in einem gemeinsamen Leiberspace stattfinden.

Es zeigt sich bereits in diesem Kapitel, dass aus leiblicher Perspektive in Videokonferenzen keine zweite virtuelle Welt, kein *Cyberspace*, sondern übergreifende Quasi-Leiber und Atmosphären zwischen den Usern bzw. um die ortsräumlich entfernten User herum wahrgenommen werden, die an manchen Stellen mit den körperlichen Ortsräumen in Widerspruch treten. Statt über den Begriff des Cyberspace als Paralleluniversen, in die sich das Bewusstsein fliehen kann, kann in digital vermittelten Situationen wie der Videokonferenz also über den Leiberspace gesprochen werden.

Dieser beschreibt den Zustand der übergreifenden Quasi-Leiber und Atmosphären und somit der leiblichen Interaktion und Kommunikation in digital vermittelten Situationen.

5.2.2 Hinweise auf digital vermittelte Atmosphären und leibliche Regungen

Trotz der separierten Ortsräume der Teilnehmenden und den jeweils auch mit den Orten verbundenen Atmosphären gibt es während Videokonferenzen übergreifende Atmosphären, die sich auf verschiedene Weisen zeigen können. Die Pastorin (Pos. 6) und der Lehrer (Pos. 11) äußern – von sich aus den Begriff der ‚Atmosphäre' verwendend –, dass es übergreifende Atmosphären gibt, auch wenn diese sich von den Face-to-Face-Situationen unterscheiden: „Es gibt eine Atmosphäre, es ist halt eine andere" (Lehrer, Pos. 15). Auch die Yogalehrerin berichtet, dass sie eine Atmosphäre wahrnimmt und eine Verbundenheit, die „nicht so in diesem menschlichen Sinne zu erklären ist" (Yogalehrerin, Pos. 29). Diese andere Art von Atmosphäre beschreibt auch die Pflegerin:

> Also es ist eine ganz eigene Atmosphäre, also nicht. Die ist trotzdem harmonisch und die ist trotzdem fröhlich, je nachdem, was man sich so erzählt. Es ist trotzdem viel Herzlichkeit und Wärme da, aber auf irgendwie auf eine andere Art und Weise. Also man spürt schon, dass da auch viel Zuneigung, also so zwischen Sohn und Mutter, oder zwischen Tante und Nichte. Und das spürt man schon und man spürt auf der anderen Seite auch das Vermissen und letztendlich auch so ein bisschen Schwere, also das ist so eine Mischung aus Herzlichkeit und Schwere irgendwie. […] Es ist gemischt tatsächlich. Ich glaube, es kommt, glaube ich, auch immer auf die eigene Tagesform an, so, also finde ich schon. Das macht es halt auch ganz viel aus, ob mich das jetzt sehr touched und sehr berührt oder ob ich das gut verpacken kann. (Pflegerin, Pos. 36ff.)

Neben dem grundsätzlichen Auftreten von übergreifenden Atmosphären wird hier die Qualität als eine „Mischung aus Herzlichkeit und Schwere" beschrieben, die sich mit Schmitz als „Intensität" beschreiben lässt, als das simultane Ineinandergreifen von Spannung und Schwellung. Ob die Pflegerin in der Lage oder gezwungen ist, diese Intensität anzunehmen, sich von ihr berühren zu lassen („ob mich das jetzt sehr touched") oder „das" mit Hilfe ihrer personalen Emanzipation „gut verpacken" also objektivieren kann, ist von ihrer Tagesform, von ihrer persönlichen Situation abhängig. Klar wird jedoch, dass eine intensive Atmosphäre, wahrgenommen im Leiberspace der Videokonferenz, das Potential hat, die Teilnehmerin leiblich zu affizieren.

Was diese gemeinsamen Atmosphären begünstigt und wie sie auch vorsätzlich herbeigeführt werden können, wird an späterer Stelle diskutiert (Kapitel 5.3.2). Zunächst ist es wichtig festzuhalten, dass Atmosphären und andere leibliche Regungen während Videokonferenzen empfunden werden, die somit darauf hinweisen, dass leibliche Kommunikation stattfindet. Diese Ansätze leiblicher Interaktion führen bei der Pastorin zu einem Gefühl, welches sie als eine „Mehr-Sehnsucht nach Nähe" beschreibt und welches sie auch bei anderen während und im Anschluss an Videokonferenzen beobachtet hat.

> Ja, also mal, also, ich würde es als <lacht> Bauchgefühl nehmen, aber auch ein gewisser (...) Schmerz. Ich weiß gar nicht, wie ich das beschreiben soll, also. Ja, eine Sehnsucht, weil irgendwie dieses, ich sage mal, der Bauch oder wie immer <zeigt mit der Hand nah in Richtung Bildschirm> möchte eigentlich da rein. <lacht> Und gleichzeitig <bewegt beide Hände mit den Handrücken zur Kamera neben dem Kopf leicht vor und zurück> weißt du, es geht nicht mehr, ne? (Pastorin, Pos. 32)

Ihre Ausführungen beschreiben deutlich, wie die leiblichen Regungen, in diesen Momenten der „personalen Regression" (Schmitz 1980, § 259), in Konkurrenz treten mit einer objektivierten Weltsicht. Und – das beschreibt sie am Beispiel des Liebespaars, welches sich zum Essen trifft –, es wird auch deutlich, wie Videokonferenz-Situationen über die Zeit der per Video verbundenen Zeit hinausreichen, also auch in der zeitlichen Ganzheit über das Zeitverständnis der entfalteten Gegenwart hinausgehen. So würde sich das Liebespaar zwar in aufwändig arrangierten Videokonferenzen nahe kommen, ein Stück des Bedürfnisses nach Nähe befriedigen, doch gleichzeitig noch größeren Hunger nach Nähe bekommen, wie beim Essen von Chips, die sättigen und zugleich Appetit machen (vgl. Pastorin, Pos. 34ff.).

Auch die ethnographischen Beobachtungen und andere Interviews berichten von Anstrengung, Ausgelaugtheit und Erschöpfung, die sich während und nach Videokonferenzen einstellen, die mit der hohen emotionalen Aufmerksamkeit während der Situationen zu tun haben.

> Das ist das, was ich am Anfang auch schon meinte, dass meine Aufmerksamkeit halt super geteilt ist. Weil (...) also es ist natürlich, ich

> muss eben gucken, <führt die Handinnenflächen vor der Brust zusammen> wo ich mich so befinde, was ist heute so <sieht auf die Kamera, lacht und löst die Geste wieder auf> bei mir so los. Dann sind die Leute im Raum, die haben Ansprüche. Genau, und dann die Leute natürlich auf der anderen Seite vom Laptop. Und auch wenn die sagen, denen geht es gut, ich weiß ja trotzdem nicht, wo die sich befinden. (Yogalehrerin, Pos. 31)

Auch hierfür können die Gründe in den divergierenden orts- und leibräumlichen Tendenzen gefunden werden, die eine hohe Aufmerksamkeit und Konzentration erfordern, um die gemeinsame Situation aufrechtzuerhalten, den übergreifenden Leiberspace hervorzubringen. Es geht darum, die Energie zu halten (vgl. Yogalehrerin), zähe Gespräche durch Kreativität in Gang zu bringen (vgl. Pflegerin, Pos. 56), die Verbindung zu halten (vgl. Lehrer, Pos. 17) oder den Kontakt durch aktives Zuhören aufrechtzuerhalten (vgl. Forschungstagebuch, Pos. 115). „Manchmal geht es erstaunlich gut und manchmal (...), wie schon gesagt, bleibt so ein schaler Nachgeschmack übrig“ (Pastorin, Pos. 88).

Hier zeigt sich – und das ist ein wichtiger Ursprung der Probleme der leiblichen Kommunikation –, dass nicht alle Sinne in jedem Maße genutzt werden können, die Menschen in Situationen von Angesicht zu Angesicht zur Verfügung stehen. Diese Grenzen der leiblichen Kommunikation werden unterschiedlich beschrieben, haben jedoch alle eins gemein: Sie arbeiten den beschriebenen leiblichen Annäherungen entgegen und behindern Prozesse der leiblichen Kommunikation. Gleichzeitig machen sie die leiblichen Regungen damit aber auch besonders sichtbar.

5.2.3 Einschränkungen und Grenzen der leiblichen Kommunikation

Als ein großes Manko von Videokonferenzen wird die mangelnde Tiefe der Atmosphäre geschildert, auch von denselben Personen, die zuvor konstatiert haben, dass es auch in Videokonferenzen Formen von Atmosphäre gibt (vgl. bspw. Pastorin, Pos. 40ff.). Im direkten Erleben sei das Atmosphärische stärker, vielschichtiger und intensiver als in der Videokonferenz: „Fühlen fehlt halt.“ (Pastorin, Pos. 6)

> Ich glaube, dass mir mehr Sinne zur Verfügung stehen, die ich im Persönlichen habe, die viel mit Atmosphäre zu tun haben, die was mit (...) Luft, Raumtemperatur (...) [...] Wir können jetzt auch keine

> Musik hören oder irgendwie, man ist irgendwie nicht so zusammen, es ist ein bisschen spaßbefreit. (Lehrer, Pos. 65)

Diese fehlende Atmosphäre wird zunächst auditiv als Stille wahrgenommen, wie daran, dass man nicht gemeinsam Musik hören kann oder dass die Umgebungsgeräusche fehlen (vgl. Forschungstagebuch, Pos. 29). Die hörbare Stille ist dabei auch technisch bedingt, denn wenn mehrere oder alle Mikrofone und Lautsprecher während einer Videokonferenz aktiviert sind, entstehen akustische Rückkopplungen, ein „digitales Grauen", wie es der Lehrer nennt (vgl. Lehrer, Pos. 15). Als in einem Breakout Room (bei einer Gruppenarbeit während eines Seminars) alle Mikrofone eingeschaltet sind und die vier Teilnehmenden still einen Text lesen, dringt ein Vogelzwitschern durch ein geöffnetes Fenster in die Videokonferenz. Es wird in Rückkopplungen immer lauter und verzerrter und endet in merkwürdigen digitalen Computer-Geräuschen, „die klingen wie die Stimme eines Roboters" (Forschungstagebuch, Pos. 171). Die gängige Alternative ist, dass alle Mikrofone ausgeschaltet sind, außer die der Sprechenden. Und diese Stille geht dann über das rein Auditive hinaus:

> Ein sehr interessantes Phänomen ist die Stille, die Stille der Teilnehmer ist irgendwie neuartig, also wenn man in einem Raum sitzt, hat man die Body Language, man hat auch mal ein Ausatmen oder im schlimmsten Falle lässt jemand mal einen Tisch, einen Stift fallen, oder zeigt, es ist ihm nicht wohl dabei, oder man merkt das auch atmosphärisch, das hat man im Computer nicht, aber da hat man dann diese Stille. Und die Stille ist so, dass wenn man aktiv empathisch zuhört, dann dass man so wie Du jetzt mit dem Kopf nickt oder ‚Mhm', das macht man aber nicht, wenn 40 Teilnehmer sind. (Lehrer, Pos. 11)

Auch die Yogalehrerin erzählt, dass sie, als sie Kopfhörer aufsetzte, ihre Videokonferenz-Teilnehmenden hörte, aber den Kontakt zu den Yogaschüler*innen vor Ort verlor: „und es hat gar nicht funktioniert, weil ich die Leute IM Raum gar nicht mehr wahrgenommen habe" (Yogalehrerin, Pos. 7).

Für die dementiellen Personen, denen die Pflegerin Videokonferenzen ermöglicht, ist es wichtig, dass auf beiden Seiten wenig Umgebungsgeräusche herrschen, da diese sonst ablenken würden. Dementsprechend hielten sich die Angehörigen auch fast ausnahmslos an sehr stillen Orten auf (vgl. Pflegerin, Pos. 72ff.). Auch hierin kann man erkennen, wie versucht wird, eine gemeinsame Atmosphäre zu schaffen, die auch Stille sein kann, und wie auf die eingeschränkte Form der leiblichen Kommunikation mit

Reduktion auf der Ebene des Hörsinns reagiert wird. Eine Untersuchung aus linguistischer Perspektive zum Schweigen in Videokonferenzen betont ebenso die Stille als typisches Problem, auf welches mit Handlungen reagiert wird, die eine übergreifende Wahrnehmungsebene – also eine Ganzheit der Situation – aushandeln und hervorbringen (vgl. Hoffmann 2020). Solche Wege zu leiblicher Interaktion werden in Kapitel 5.3.2 ausführlicher geschildert.

Die Stille kann verschiedenste Atmosphären und Bedeutungen vermitteln, die je nach Situation divergieren. So gibt es verschiedene Ausprägungen der „einprägsame[n] Stille, die als feierliche weit und dicht, als drückende eng und noch dichter, als Stille eines unberührten Morgens weit und zart ist“ (Schmitz 2014, S. 31). Ist die Stille jedoch technisch bedingt oder wird sie als Anpassung an die eingeschränkten Möglichkeiten der Sinneswahrnehmungen hergestellt, wie im Beispiel der dementiell beeinflussten Personen, wird die Einordnung der Stille erschwert. Herrscht eine drückende Stille im Seminar, wenn die Seminarleitung eine Frage gestellt hat und nicht gleich eine Antwort kommt? Herrscht eine konzentrierte oder gelangweilte Stille in der Schulkonferenz? Oder ist die Stille nur technisch bedingt und keine leiblich kommunizierte Atmosphäre?

Hier zeigt ein kurzer Blick auf die kulturell unterschiedlichen Wahrnehmungen von Stille, die in internationalen Videokonferenzen zu zusätzlichen Schwierigkeiten führen können, dass die obige Darstellung von Schmitz eurozentrisch geprägt ist. Während Stille in Videokonferenzen für westeuropäische und amerikanische Menschen eher frustrierend ist und als unhöflich wahrgenommen wird, hat sie in asiatischen und pazifischen Kulturen eine angenehme Konnotation und drückt Respekt aus (vgl. Gunawardena 2014, S. 96).

In Videokonferenzen herrscht eine Art Kommunikation ohne Feinheiten, die auf Worte, beschränkte Gestik und die durch die Technik determinierte Dimension der Situation festgelegt ist. Es ist sehr viel schwerer zu erkennen, welche Emotionen bei den anderen Teilnehmenden stattfinden oder auch welche Reaktionen das eigene Verhalten hervorruft (vgl. Lehrer, Pos. 69). Im Versuch, die Einschränkungen zu beschreiben, schätzt die Yogalehrerin: „Emotionen sind so, 50 % werden einfach nicht übertragen, wenn nicht sogar mehr“ (Pos. 83). Der 3D-Artist, bei dessen Videokonferenzen meist die Bildschirme der Gegenüber zu sehen sind und nicht die Gesichter, hat nach mehreren Jahren zwar eine Technik entwickelt, „so ein enttäuschtes ‚Mhm‘ oder sowas“ (3D-Artist, 88) herauszuhören, aber er betont grundsätzlich auch die Beschränktheit der übertragenen Gefühle, also Atmosphären im Sinne von Schmitz.

Die nicht vorhandene Möglichkeit, den Ort eines Treffens zu verändern, wenn kein gutes Gespräch zustande kommt, wird von der Pflegerin bemängelt. Die übliche Methode, durch einen gemeinsamen Spaziergang die Stimmung zu lockern und auch Gesprächseinstiege zu finden, ist in Videokonferenzen nicht möglich, „sondern man ist so konfrontiert eins zu eins" (Pflegerin, Pos. 52). Dabei zielt ihre Aussage insbesondere auf die Unmöglichkeiten, Nähe zu kommunizieren, um Sorge zu leisten, die stark an körperliche Anwesenheit gebunden ist, wie später noch ausführlicher dargelegt wird (Kapitel 5.3.3):

> So und das merkt man in der Zeit jetzt einfach auch, dass dieses (...) ja wie du es nennst, diese Leiblichkeit letztendlich einfach, ja, man ist so kaltgestellt. So irgendwie, es ist, ja, das merken wir alle und inzwischen merken wir es tatsächlich alle, dass, natürlich sind die Tablets schön gewesen, aber es kann diese persönliche Umarmung und dieses Herzliche einfach nicht ersetzen. Das ist einfach, dieses Gefühl von ich spüre jemanden, ne? Und ich berühre jemanden, das kann nicht ersetzt werden. Also wirklich, also auch wenn wir uns viel Mühe gegeben haben, das irgendwie zu versuchen mit Tablets. (Pflegerin, Pos. 30)

Die geschilderten Einschränkungen und Grenzen der leiblichen Kommunikation zeigen bereits an vielen der genannten Beispiele gleichzeitig Möglichkeiten des Umgangs mit ebendiesen auf. Wie trotz der Beschränkungen leibliche Interaktion möglich ist und möglich gemacht werden kann, wird im nächsten Kapitel ausführlich analysiert.

5.3 Nähe und Einleibung in Videokonferenzen

Den dargestellten technischen Problemen und Einschränkungen der leiblichen Kommunikation zum Trotz kommt es während Videokonferenz-Situationen zu Prozessen der Einleibung, deren wichtigste Aspekte nun ausführlich dargestellt und eingeordnet werden.

Zunächst werden dafür einleibende Blicke analysiert (Kapitel 5.3.1). Videokonferenzen bieten grundsätzlich die Möglichkeit, sich gegenseitig anzublicken. In bestimmten Fällen können Blickwechsel zu wechselseitiger Einleibung beitragen und somit die Funktion der Du-Evidenz erfüllen. Häufiger jedoch sind einseitige Einleibungen, vergleichbar mit dem Betrachten von Filmen. Einleibende Blicke werden insbesondere dadurch erschwert, dass in Videokonferenzen die leibliche Richtung des Blicks behindert wird.

Anschließend werden verschiedene Möglichkeiten vorgestellt, mit den dargestellten Einschränkungen umzugehen, wodurch wechselseitige Einleibungs-Prozesse ermöglicht werden (Kapitel 5.3.2). Mit der Durchführung von Warm-Ups und ähnlichen einleitenden Ritualen wird die Ganzheit der Situation bestätigt und die Einleibung wird unterstützt. Besonders hervorgehoben wird die Übernahme von Rahmen-Situationen in die Videokonferenz-Situation, womit die üblicherweise zwischen Meetings stattfindenden einleibenden Gruppendynamiken trotz räumlicher Distanz realisiert werden können. Außerdem werden, bspw. über den gemeinsamen Getränkeverzehr, bestehende Programme durch distribuierte Handlungen nachgestellt. Diese Form der Inszenierung wird auch in der Gestaltung des sichtbaren Videobilds durchgeführt und trägt zur Einleibung bei. Auch das persönliche Bekanntsein wird als unterstützend für wechselseitige Einleibung hervorgehoben.

Schließlich wird in Hinblick auf Mitgefühl und Sorge in Videokonferenzen gezeigt, dass hier nur einseitige Einleibungen zustandekommen und Sorge-Arbeit in Videokonferenzen nicht möglich ist (Kapitel 5.3.3). In diesem Zusammenhang wird bei der Verlagerung in Videokonferenzen sichtbar, wie wichtig auch kleine – teils zuvor unbewusste – körperliche Berührungen sind, um Nähe und Sorge auszudrücken. Zunächst werden nun aber Einleibungen über den Blickwechsel und Blickkontakt in Videokonferenzen fokussiert.

5.3.1 Einleibende Blicke

Als einer der Aspekte von Videokonferenzen, die Nähe fördern und leiblichen Austausch hervorrufen, zeigt sich das gegenseitige Anblicken, obgleich die Einschränkungen im Vergleich zur Face-to-Face-Begegnung dabei immer mitschwingen. Wie in Kapitel 3.1 eingeführt, ist der Blick ein Weg zu antagonistischer Einleibung, wobei sich in die zwei unterschiedlichen Arten der einseitigen und der wechselseitigen antagonistischen Einleibung unterscheiden lässt.

Grundsätzlich wird dem Sich-Anblicken-Können in Videokonferenzen ein großer Mehrwert im Vergleich zu anderen Kommunikationsformen, etwa dem Telefon, eingeräumt und die gesteigerte Aufmerksamkeit und Glaubwürdigkeit wird auch in verschiedenen Studien hinreichend beschrieben (vgl. Grayson und Monk 2003; Schwind und Jäger 2015). Die

Pflegerin achtet darauf, dass die Bewohner*innen gut sehen können und erklärt ihnen, dass ihre Gegenüber sie auch gut sehen können (vgl. Pflegerin, Pos. 84). Über das Trauergespräch per Skype berichtet die Pastorin:

> Es war eine große Hilfe, auch die Menschen zu sehen und nicht nur zu hören (unv.) immer also, je mehr Sinneswahrnehmungen eingeschaltet sind, sage ich mal, Sehen, Hören, Fühlen fehlt halt. (...) fand ich das schon doch eine Hilfe, sage ich mal, weil man doch auch reagieren kann ein bisschen auf die Mimik oder nachfragen kann. Und doch würde ich sagen, ein entscheidender atmosphärischer Teil und haptischer (...) fällt weg und das schon auch ein großes Manko. (Pastorin, Pos. 6)

Alle Gesprächspartner*innen berichten, dass die Möglichkeit, sich gegenseitig zu sehen, es erlaubt, Gefühle besser zu transportieren und sich gegenseitig wahrzunehmen. Der Lehrer beschreibt die Relevanz dieser Möglichkeit mit dem „Recht darauf, dem anderen richtig [...] das Gesicht anzusehen" (Lehrer, Pos. 51), was auch insbesondere da sichtbar wird, wo dieses Recht nicht gewährt wird: Wie ein Wissenschaftler stellvertretend für viele ähnliche Berichte von Lehrenden an Universitäten in einem Zeitungsartikel schreibt, blickt er bei seinen Seminaren vor allem auf viele schwarze Bildschirme, da die Studierenden ihre Kameras nicht einschalten (vgl. Kirchmeier 2020). Die Gründe dafür sind vielfältig, so berichtet auch eine Gesprächspartnerin, dass sie in einem Seminar mehrmals ihr Video ausgeschaltet hat. In der Reflexion der Situation erklärt sie, dass sie das Ein- und Ausschalten des Videobilds als Machtinstrument gegen ihren Dozenten nutzt, um ihre Ablehnung oder Unzufriedenheit mit Inhalt oder Methode zu transportieren. Auch in diesem Seminar hätten im Normalfall nur vier der acht Teilnehmenden die Kamera im Plenum aktiviert, in den Kleingruppen-Situationen in Breakout Rooms hätten dann alle ihre Kameras eingeschaltet (Forschungstagebuch, Pos. 207).

In universitären Vorlesungen oder vergleichbaren Vortrags-Situationen ist ein Deaktivieren der Kamera naheliegender, wenn auch dennoch möglicherweise unangenehm für die Vortragenden, da in solchen Fällen eine eher einseitig antagonistische Einleibung vorherrscht. Die vorlesende Person, teils im Wortsinne, dominiert den vitalen Antrieb. Und selbst wenn die Zuhörenden zur Situation beitragen, sind sie doch an die Vorlesenden gefesselt, völlig unabhängig davon, ob diese sich den Zuhörenden zuwenden oder nicht. Dies ist dann vergleichbar mit dem Ansehen eines Films, welcher einseitige Einleibungen mit den Protagonist*innen hervorruft.

Die einseitige Einleibung eines Films funktioniert übrigens auch, wenn die Protagonist*innen Tiere, wie bei *Ice Age*, oder Maschinen, wie bei *Wall-E*, sind, um an dieser Stelle noch einmal die transhumane Perspektive zu betonen, die Schmitz' Ansatz ermöglicht. Und einseitige und wechselseitige Einleibungen passieren natürlich ebenso zwischen Personen unterschiedlicher Gender, was auf einfachem Wege unterstreicht, dass leibliche Regungen, Atmosphären, Emotionen selbstverständlich grundsätzlich genderunabhängig sind.

Die (teils absichtliche) Deaktivierung der Kamera und Verweigerung der Verwendung der Videofunktion in Situationen, in denen lebhafte Gespräche sonst üblich waren, wie im Falle von Seminaren oder Konferenzen, kommt einer Ablehnung der wechselseitigen Einleibung gleich und damit einer Verweigerung der Du-Evidenz. Die Sprechenden wissen nicht, mit wem oder zu wem sie gerade sprechen oder ob sie überhaupt mit jemandem sprechen. Dies allerdings ändert sich in größeren Gruppen sogar dann nicht entscheidend, wenn die Webcams eingeschaltet sind, wie später herausgestellt wird.

Grundsätzlich und insbesondere in kleineren Gruppen jedoch scheint gegenseitige antagonistische Einleibung im Gespräch bei Videokonferenzen auch über Blickwechsel stattzufinden und einen gemeinsamen vitalen Antrieb zu entwickeln (vgl. bspw. Forschungstagebuch, Pos. 173f.).

> Jeder Blickwechsel erzeugt einen gemeinsamen vitalen Antrieb. Der Blick des anderen trifft mich engend, ich werfe weitend den meinen zurück, der den anderen engt, und so spielt sich, namentlich bei Wiederholung, die Verschränkung von Engung und Weitung ein, die der vitale Antrieb ist. Engung und Weitung sind im vitalen Antrieb Konkurrenten um Dominanz. (Schmitz 2011, S. 31)

Auch die mit der wechselseitigen antagonistischen Einleibung einhergehende Du-Evidenz, die Versicherung des Gegenübers, findet über Blickwechsel in Videokonferenzen statt, wie die Pflegerin an einem anschaulichen Beispiel darlegt: Es gibt Situationen, in denen einem das Gegenüber sagt: „Ja, ja, alles in Ordnung.", ohne dass dies jedoch immer der Wahrheit entspricht. Könne man das Gegenüber allerdings sehen, werde klar: „Ja, er tüdelt [plattdeutsch: schwindelt] mich nicht an, es geht ihm wirklich gut." Und diese Gewissheit habe die Stimmung einer Bewohnerin sichtlich entspannt: „Dass sie sehen konnte, ihren Kindern und ihren Enkelkindern geht es WIRKLICH gut. Es wird nicht nur so gesagt" (Pflegerin, Pos. 78).

Ähnlich beschreibt auch die Yogalehrerin, dass es sie – insbesondere in der Anfangsphase der Nutzung – hat „kirre" werden lassen, keine menschlichen Emotionen auf der anderen Seite des Laptops zu sehen, da während der Yogastunde die Kameras der Schüler*innen deaktiviert sind (Yogalehrerin, Pos. 53). Sie hat sich dann an diese einseitige Einleibung gewöhnt und erzählt auch, dass ihre Teilnehmenden berichten zu spüren, dass sie sich nah bei ihr fühlten, während sie selbst umgekehrt das Gefühl hat, nicht bei ihnen sein zu können (vgl. Yogalehrerin, Pos. 94ff.). Aber vor und nach der Yogastunde, wenn sich alle Teilnehmenden sowohl im Yogaraum als auch an den Monitoren zuhause sehen können, kommt es zu Nähe und wechselseitiger leiblicher Kommunikation:

> Ja, also es ist immer nach der End-Entspannung, wenn die quasi ihren Bildschirm wieder anmachen und ich schon immer sehe, dass die entspannt sind, und wie die strahlen und die sich bedanken und das ist eigentlich der Moment, wo ich mich eigentlich denen sehr, sehr nah fühle. (...) Ich würde nicht sagen, dass ich mich sonst weit weg von denen fühle, also, gerade wenn der Bildschirm an ist, aber ja, also, während der Stunde habe ich nicht so ein Nähe-Gefühl zu den Personen. (Yogalehrerin, Pos. 45)

> Also das kriege ich von ganz vielen Personen quasi widergespiegelt, also die sich freuen einfach, dass wir uns regelmäßig sehen und dass man das Gefühl hat, man hat Teil an dem Leben der anderen, auch wenn man gar nicht im Einzelnen ein Gespräch hat, sondern alleine darüber, dass wir uns sehen. (Yogalehrerin, Pos. 29)

Dass in diesen Situationen, zusätzlich zu dem gegenseitigen Anblicken, weitere Faktoren zur wechselseitigen Einleibung beitragen, wird in Kapitel 5.3.2 ausführlicher analysiert. Das Sehen als Beweis, dass die anderen da sind, kann also teilweise allein ausreichen oder zumindest im Gespräch dazu beitragen, dass eine wechselseitige Einleibung entstehen kann.

Die Du-Evidenz ex negativo im Anblicken kann auch abschließend an einem eindrücklichen Beispiel verdeutlicht werden. Die Pflegerin erzählt von einer Situation, in der sie selbst nicht anwesend war, die aber eine Kollegin aus einem anderen Haus erlebt und ihr geschildert hat. Am Ende des Interviews stellt sich heraus, dass ihre Vorgesetzten, die das Interview genehmigten, ihr vorgeschlagen haben, diese Situation zu schildern, da sie, trotz der vielen Fragezeichen, für den Sohn ein positives Erlebnis gewesen sei (vgl. Pflegerin, Pos. 110). So gab es im Pflegeheim während der Besuchsbeschränkungen eine Situation, in der „ein Sohn <räuspert sich> seine Mutter nicht nochmal wieder besuchen konnte und die haben tatsächlich eine Videokonferenz gemacht, als die Dame verstorben war, dass er sie nochmal sehen konnte tatsächlich“ (Pflegerin, Pos: 8). Die anderen Pflegenden hätten kurz überlegt, ob dies pietätvoll sei und dann entschieden, dass sie dem Wunsch des Sohns entsprechen wollen. Die Pflegerin drückt ihren Respekt gegenüber den Kolleg*innen aus und sagt, sie hätte selbst auch so gehandelt.

> Also das ist so <zuckt mit den Schultern>. Warum nicht, also ne, wir leben 2020, es gibt so viele verrückte Sachen, warum das nicht? Also ich finde es, ich finde es einfach schön, weil das macht den, also gerade wenn man nicht an der Person selber Abschied nehmen kann, finde ich es unheimlich wichtig, nochmal ein Bild davon zu haben, wie sieht sie aus, um auch den ganzen Prozess der Trauerverarbeitung, ne? Also dieses, sonst fehlt, ich sage dann immer, die Sache ist nicht rund, wenn man sich nicht verabschieden kann. (Pflegerin, Pos. 22)

Der Sohn kann so, durch die Unterstützung der Pflegekräfte, in der leiblichen Kommunikation mit seiner Mutter über den nicht beantworteten Blick, über den gescheiterten Versuch der Du-Evidenz, sicher gehen, dass seine Mutter verstorben ist. Die Pflegenden halten dafür das Tablet so, dass er seine Mutter ansehen kann und ermöglichen ihm somit diesen gescheiterten Blickwechsel, der in einer einseitigen Einleibung endet. Die Gewissheit, dass die Mutter verstorben ist, wird selbstverständlich nicht allein durch den gescheiterten Blickwechsel transportiert, sondern wurde und wird zusätzlich durch die sprachliche Kommunikation zwischen Pflegenden und Sohn und das Erfahrungswissen manifestiert. Dennoch wird dem Bestätigen des Nicht-Zurückblickens – insbesondere im direkten Vergleich mit dem am Ortsraum der Mutter anwesenden Pflegepersonal – von allen lebenden Beteiligten ein Mehrwert beigemessen. Anhand der Vorlesung konnte gezeigt werden, dass diese bereits ohne die Verlegung ihrer Programme und Sachverhalte ins Digitale eine einseitig antagonistische Einleibungs-Situation ist, was sich auch auf das Anblicken einer toten Person übertragen lässt. Doch auch in vielen ursprünglich wechselseitig einleibenden Situationen, die in Videokonferenzen verlegt wurden, können die einleibenden Elemente nicht übertragen werden, selbst wenn die Kameras aktiviert sind. Dies wird im Folgenden gezeigt und der Fokus damit wieder auf die Grenzen der Videokonferenzen gelenkt.

In Bezug auf den Blick in der wechselseitigen antagonistischen Einleibung betont Schmitz die Wichtigkeit der „leiblichen Richtung des Blicks“, der wie auch in vielen leiblichen Regungen aus der Enge des Leibs nach außen führt. Er veranschaulicht dies anhand eines Beispiels, welches er einem Werk von Argyle entlehnt hat:

> Welche Bedeutung dabei die Eigenschaft des Blickes als unumkehrbare leibliche Richtung aus der Enge in die Weite, als Vermittler beider Seiten im vitalen Antrieb (gleich dem Ausatmen in der Atmung) hat, zeigt ein Experiment, bei dem die Sitzposition der Gesprächspartner verändert wurde. Einmal setzte man sie mit dem Rücken zueinander, sodann einander gegenüber, aber mit einem zwischen sie gestellten Wandschirm, der sie für einander unsichtbar machte. Im ersten Fall sprachen sie befangener, mehr im Schreibstil. ‚Es ist überraschend, dass die Situation mit dem Wandschirm nicht der Rücken-an-Rücken-Situation entsprach.' In beiden Fällen war der Blickkontakt vereitelt, aber bei der Adossierung [Rücken-an-Rücken-Stellung] überdies der Zugang durch die leibliche Richtung, als deren Überträger der Blick fungiert. (Schmitz 2011, S. 32)

Das von Schmitz gewählte Beispiel darf hier nicht falsch verstanden werden. Es verbindet die leibliche Richtung mit einer örtlichen Richtung des Sichtfelds, was aber umgekehrt nicht der Fall sein muss, denn die Richtung des Sichtfelds allein sagt wenig über die Richtung des Blickes aus, so kann man mit der gleichen Ausrichtung der Augen ins Nichts starren, in sich hinein blicken oder aber eine andere Person gerichtet anblicken (vgl. Schmitz 1967, S. 55f.). Ob die angeblickte Person so angeblickt wird, erschließt sich ihr meist durch einen Blickwechsel, eine wechselseitige antagonische Einleibung, eine Situation, wie man sie bspw. aus der U-Bahn kennt, wenn sich der eigene mit einem fremden Blick kreuzt. In solchen Situationen der wechselseitigen Einleibung wechselt der Blick zwischen den Beteiligten hin und her, was eben auch voraussetzt, dass der zielgerichtete Blick bei der getroffenen Person erkannt wird.

Unter der in 3.3 dargelegten Prämisse der vermittelten Unmittelbarkeit lassen sich die dargestellten Situationen aus Videokonferenzsituationen auch theoretisch genauer fassen, wie bereits im Fall der toten Mutter angedeutet wurde. Denn wie alle leiblichen Interaktionen finden auch Blickwechsel nicht völlig losgelöst von vermittelten Inhalten statt. Der Einwand, ein gegenseitiges Anblicken und ein entsprechender reziproker Kontakt in Videokonferenzen sei nicht möglich, da dem Gegenüber nicht ‚wirklich' in die Augen geschaut werden könne (vgl. Friesen 2014), kann damit erwidert werden, dass ein völlig unvermittelter Kontakt auch in Situationen der ortsräumlichen Anwesenheit nie gegeben ist. Eine emanzipierte Person ist nie frei davon zu objektivieren und leibliche Regungen somit in vermittelte Kontexte einzubetten. Wie das Beispiel aus der U-Bahn zeigt, ist es kontextabhängig, wie und ob ein Blick intendiert, erkannt und erwidert wird. Das Konzept des „social resonance space" (Lindemann und Schünemann 2020, S. 639), in dem leiblich affizierbare Menschen von anderen erreicht werden können, erleichtert ein Verständnis der Ergebnisse, dass man im Leiberspace grundsätzlich auch von Blicken anderer getroffen werden kann, da die leibliche Richtung des Blicks, wie dargestellt, eben nicht mit der körperlich-räumlichen Richtung übereinstimmen muss.

Dieser Moment des wechselseitigen Angeblicktwerdens kann in Videokonferenzen, insbesondere bei solchen mit vielen Teilnehmenden mit etlichen Videos auf dem Bildschirm, behindert sein, wie von verschiedenen Seiten unterstrichen wird. In den informellen Gesprächen äußern Kolleginnen, dass sie sich unwohl dabei fühlen, nicht zu wissen, wer sie anblickt oder gar beobachtet (vgl. Forschungstagebuch, Pos. 15; 31). Dass ein solches unbemerktes Beobachten tatsächlich möglich ist, bestätigt sich auch, als in einem Prozess des Feldzugangs „heimlich" Screenshots von einzelnen Personen in verschiedenen Videokonferenz-Situationen gespeichert werden konnten (Forschungstagebuch, Pos. 70f.). Das Gefühl „ah krass, das könnten jetzt viele andere sehen" (Yogalehrerin, Pos. 107) ist insofern berechtigt und auch einer der Gründe, warum viele ihre Kameras nicht einschalten, wenn sie nicht müssen (vgl. Kirchmeier 2020).

Nicht zu spüren, ob man angeblickt wird, bedeutet auch, nicht zu wissen, ob die Richtung des Blicks die angeblickte Person erreicht. Das in Gesprächssituationen wie Konferenzen oder Seminaren übliche Hin- und Herblicken, die Aushandlung und wechselseitige Einleibung über Blicke, sind also in Videokonferenzen eingeschränkt, weshalb konstatiert werden kann, dass in vielen Fällen über den Blick nur eine einseitige Einleibung ermöglicht wird. Wer oder was genau dabei eingeleibt wird, kann hier nicht im Detail beantwortet werden, es liegt jedoch nahe, dass eine Verwandtschaft mit der oben beschriebenen einseitigen Einleibung beim Betrachten von Filmen stattfindet, wie Vergleiche von der Pastorin (vgl. Pos. 40ff.) und dem Lehrer (vgl. Pos. 17) nahelegen.

Als Reaktion auf die Schwierigkeiten, die dieser fehlende Blickwechsel auch im Hinblick auf schlechter funktionierende Sprecherwechsel (vgl. Sellen 1992) bedeutet, gibt es Entwürfe zu einem Roboter, der in hybriden Situationen, also in Face-to-Face-Situationen mit Videozuschaltung den ‚Blick' zu den jeweils Sprechenden wendet, um eine gefühlte Anwesenheit vor Ort zu ermöglichen (vgl. Goeckel et al. 2015). Auch gibt es Versuche, Videokonferenzen in reale Ortsräume mit Hardware-Verkörperung der Sprechenden oder in komplett virtuelle Räume zu verorten. In solchen Setups konnte eine höhere Präsenz sowie eine gesteigerte Achtsamkeit in Bezug auf Blicke festgestellt werden (vgl. Hauber et al. 2006).

Aber in den alltäglich genutzten Videokonferenz-Lösungen orientiert sich das Sichtfeld auf den Computerbildschirm, jedoch ist die Richtung des Blicks damit weder für die Blickenden noch für die Angeblickten erkennbar. Die ungewohnte Richtung des Blicks in Videokonferenzen kann also beschränkend sein für Prozesse wechselseitiger Einleibung, die trotzdem auch in Hinsicht auf den Blick in Teilen empfunden werden, wie zu Beginn des Kapitels dargelegt wurde. Das nächste Unterkapitel fokussiert und analysiert Umgangsweisen, die wechselseitige Einleibungsprozesse begünstigen und so den geschilderten Einschränkungen entgegenwirken können.

5.3.2 Wege zu leiblicher Kommunikation und wechselseitiger Einleibung

Die Möglichkeiten, mit den erläuterten Einschränkungen der leiblichen Kommunikation umzugehen und wechselseitige Einleibungen in Videokonferenzen zu unterstützen, werden im Folgenden unter fünf verschiedenen Gesichtspunkten gefasst: angeleitete Übungen wie Warm-Ups, die Einbeziehung von die Konferenz-Situation umrahmenden Situationen, gemeinsame gleichzeitige Handlungen, die Inszenierung des Videobilds und das persönliche Miteinander-Bekanntsein.

Um mit den räumlichen Herausforderungen geplant oder intuitiv umzugehen, gibt es verschiedene Formen von Warm-Ups und Übungen, die darauf abzielen, eine gemeinsame Atmosphäre und einen gemeinsamen Quasi-Leib als Leiberspace zu erzeugen. Im World Wide Web sind schier unendlich viele Vorschläge für angeleitete Aktionen zu finden, die versprechen, eine emotionale Verbindung zwischen den Teilnehmenden zu schaffen (vgl. von Alvensleben 2018) und der körperlichen Abwesenheit am Ort des Geschehens entgegenzuwirken (vgl. Smart 2020). Auch die interviewten Personen berichten von einleibenden Erfahrungen durch gemeinsame Rituale und ein Explizieren der zeitlichen („jetzt“), räumlichen („auf unserer Zoom-Konferenz“), sozialen („95 % der Leute sind da“) und thematischen („das wird passieren“) Ganzheit der Situation und des programmatischen Gehalts („Schulführungskonferenz“).

> Tatsächlich bei den Schulführungskonferenzen hab ich und der, den wir da gerade als Leitung ausrufen, einen gemeinsamen Spruch vorgesprochen, wo ich festgestellt habe, dass einige den tatsächlich zumindest per Lippenbewegungen mitgesprochen haben. (...) Und ja, auch eine vernünftige Ansprache irgendwann wenn dann alle drin sind sozusagen, wenn man sagen kann: ‚Okay, wir haben jetzt hier 95 %

> der Leute sind da', dann auch noch mal wirklich explizit richtig zu begrüßen und zu sagen: ‚Ja, herzlich willkommen auf unserer Zoom-Konferenz, ich habe das (unv.) gelesen, das und das wird passieren, und die und die Punkte beschäftigen uns.' Ich glaube, das ist ganz gut. (Lehrer, Pos. 49)

Besonders diese Phase des Eintritts stellt sich als wichtig für erfolgreiche Einleibungs-Prozesse heraus. Bei genauerer Betrachtung geht es zusätzlich um die Momente, die im üblichen persönlichen Treffen vor (und auch nach) der eigentlichen Konferenz-Situation stattfinden. Diese Rahmensituationen in die Situation Videokonferenz einzubeziehen, bedeutet somit eine Erweiterung der Situation um das informelle Drumherum, was in der Vorbild-Situation als selbstverständlich angesehen oder übersehen wird.

Was passiert, wenn diese Erweiterung nicht vorgenommen wird, ist alltäglich erlebbar. So berichtet ein Kollege, dass die fehlenden informellen Kleinst-Gespräche über Hintergründiges dazu führen, dass er in den Instituts-Meetings nicht mehr über alles im Bilde ist und eine Kollegin beklagt, dass ihre beruflichen Videokonferenzen regelmäßig zeitlich überzogen und zum „Tratschen" genutzt werden, ein Verhalten, dass auch in Arbeitsgruppen in digitalen Seminaren beobachtet werden kann (vgl. Forschungstagebuch, Pos. 173; 202). Beispiele, in denen die Inklusion der informellen Situationsanteile gelingt, können exemplarisch beim Yogaunterricht und insbesondere bei den jahrelang erprobten Videokonferenzen des 3D-Artists gefunden werden.

Die Yogastunde an sich ist eingerahmt von einer Anfangsmeditation und einer End-Entspannung, die den Zeitraum abgrenzt, währenddessen die Teilnehmenden, gleich ob per Video oder vor Ort, „bei sich" sind, „auf der Matte" (vgl. auch Lemermeyer 2017) und in ihrer Yogapraxis (Yogalehrerin, Pos. 23). Außerhalb davon fragt die Yogalehrerin das Befinden der einzelnen Teilnehmenden davor bei einem „Check-In" und danach bei einem „Check-Up" ab, im Yogaraum an der Matte, per Video in privaten Chats (Yogalehrerin, Pos. 19; 11). Und zusätzlich zu dieser bereits doppelten Rahmung kommen die Teilnehmenden früher und bleiben im Anschluss, um in dieser Zeit informelle Gespräche mit Bekannten oder Freund*innen und der Yogalehrerin zu führen.

> Also, es haben sich total viele Leute bei ihren Studios abgemeldet und möchten das eben nur noch bei über den Laptop machen und die, die im Raum sind, sagen so: ‚Mann, das ist mega schön, die ganzen Freunde, die wir da sehen, die sehen wir sonst überhaupt nicht, und da kann man wenigstens einmal Hallo sagen' also, das ist schon, glaube ich,

> ein Ort der Begegnung, auf eine andere Art und Weise. (Yogalehrerin, Pos. 51)

Eine ähnliche Praxis existiert analog auch im nicht videovermittelten Qi-Gong-Kurs, an dem die Pastorin an einem Ortsraum teilnimmt, allerdings ist diese bei dem Treffen vor Ort aus Sicherheitsgründen nicht möglich.

> [...] vorher noch einen Tee in der Küche und noch ein bisschen, ich sage mal, eine Viertelstunde, 20 Minuten so Smalltalk, das ist natürlich weg. Du kommst punktgenau. Nimmst deine selbstgebrachte Matte ein <lacht> und nimmst deinen Mundschutz ab und fängst an zu üben. Ja. So ist es. (Pastorin, Pos. 96)

Diese Einbeziehung von Situationen, welche die eigentliche Meeting-Situation umrahmen, unterstützt einleibende Prozesse, insbesondere da die Ganzheit der Situation hergeleitet und ein Ankommen und ein Austreten aus der Situation ermöglicht wird. Gleichzeitig wird die Phase der inhaltlichen Programmpunkte nicht durch die parallel laufenden Wünsche nach informellem Austausch beeinträchtigt, da diese in der Rahmung behandelt werden können. Auch die eingangs erwähnte Ratgeberliteratur empfiehlt Ähnliches, ohne komplizierte Herleitung, mit den Worten: „Nicht aufgabenbezogene Kommunikation fördern. [...] Bei aller Knappheit der persönlichen Begegnungen: Sorgen Sie dafür, dass dazu Zeit ist" (Herrmann et al. 2012, S. 40). Diese Begegnungen, die sonst vor dem Termin auf dem Gang oder in der Kaffeeküche passieren, werden auch in einer Praxis adaptiert, von welcher der 3D-Artist berichtet.

> Ja, man sagt sich halt vorher in der E-Mail, wann man sich trifft für das Meeting. Man weiß ja, dass das stattfindet, und dann hat man sich, weil man ja viel labert, ein Gläschen Mineralwasser oder einen Kaffee oder so dahingestellt. Und dann macht man halt die Einladung: ‚Hey, ich habe einen neuen Pott Kaffee aufgesetzt'. [...] Man macht immer so eine Fünf-Minuten-Einleitung, da ist dann auch oft das der einzige Zeitpunkt, glaube ich in echt, wo Vollbild ist [sonst sehen sie die geteilten Bildschirme], weil wenn das Meeting zu Ende ist, ist kein Blabla, man will das gerade Verarbeitete und Besprochene ja dann auch schnell umsetzen. [...] Man zeigt die Tasse Kaffee <bewegt seine Faust hoch, als würde er eine Tasse hochhalten> ins Bild und schlürft und dann geht es los. (3D-Artist, Pos. 50)

Eine dieser beschriebenen „Smalltalk"-Phasen zu Beginn des Meetings ist auch die einzige Situation, über welche der 3D-Artist berichtet, dass er Nähe zu seinen Gesprächspartner*innen gespürt hat. Zusätzlich wird diese Einleibung unterstützt durch solidarische Anteile, ein integrierendes Thema, da die Videokonferierenden in Paris und den USA zusätzlich zu den Corona-Einschränkungen noch unter gewalttätigen Protesten leiden und „alle in derselben Scheiße sitzen" (3D-Artist, Pos. 106). Auch die Interview-Situation selbst wird von dem 3D-Artist mit derselben Rahmung versehen, als er 30 Minuten vor dem verabredeten Zeitpunkt den Link für die Videokonferenz per Chat erhält und antwortet: „Ja warte. Ich setze Kaffee auf" (Forschungstagebuch, Pos. 122). Dies führt dazu, dass das Vorgespräch und der Beginn des Interviews auf beiden Seiten mit einer Tasse Kaffee geführt werden. Das Nachgespräch wird beendet, als er feststellt: „Oh ich sehe gerade, Paris hat Kaffee aufgesetzt" (3D-Artist, Pos. 132).

Dass die physische Wärme eines Heißgetränks einen positiven Einfluss auf die interpersonale Wärme hat, zeigen sozialpsychologische Experimente (vgl. Williams und Bargh 2008). Mit Schmitz lässt sich anschließen, dass das leib-körperlich empfundene integrierende Thema solidarische Einleibung begünstigen kann. Dies kann dann auch ebenso für ein kaltes Bier funktionieren (vgl. Forschungstagebuch, Pos. 3), für einen euphorisierenden Sekt (vgl. 3D-Artist, Pos. 60) oder einen schweren Rotwein (vgl. Pastorin, Pos. 32ff.). Das gemeinsame Bereitstellen von Getränken und das gemeinsame Trinken sind ein wiederkehrendes Thema, bei welchem bestehende Programme durch distribuiertierte gleichzeitige Handlungen nachgestellt oder kreiert werden.

Diese Inszenierung von Programmen lässt sich nicht nur für die Handlungen der Videokonferenz-Teilnehmenden beobachten, sondern insbesondere auch für die Gestaltung des Videobilds, also für das, was sichtbar an die anderen transportiert wird. Dass die Gestaltung des Auditiven schwierig ist, ergibt sich aus dem diskutierten Phänomen der Stille (s. Kapitel 5.2.3). Bei der Gestaltung des Videobilds sind wiederum kaum Grenzen gesetzt. Es lässt sich grob unterscheiden in die Inszenierung des eigenen Körpers und die Inszenierung des Hintergrunds bzw. des Ortsraums der Teilnehmenden.

Bei der Gestaltung des eigenen Auftretens steht die Kleidung im Vordergrund, allerdings „so Anchorman-mäßig, du hast halt nur, du hast dich zwar rasiert und geduscht und ein frisches T-Shirt an, aber hast halt sonst eine Jogginghose halt, oder was weiß ich" (3D-Artist, Pos. 88). Durch den üblichen Bildausschnitt ist insbesondere die Oberbekleidung relevant. In einem früheren Gespräch erwähnte der 3D-Artist ein ‚Skype-Hemd', welches neben seinem Rechner im Homeoffice hängt und das er nur für die Videokonferenzen überstreift, während er sonst aufgrund der Hitzeentwicklung der Rechner in seinem Raum tendenziell spärlich bekleidet ist.

Als Teil der schier unendlichen medialen Berichterstattung zum Dresscode in Videokonferenzen rät bspw. selbst die Modezeitschrift *Vogue*: „Auch wenn Sie untenrum Sweatpants tragen, sollten Sie zumindest oben herum eine gewisse Etikette einhalten" (Riedl 2020). Für den Fall von unvorhergesehenen Situationen wie Gruppenübungen oder Störungen betonen andere allerdings, dass „unten ohne" zu vermeiden sei (Hartmann 2020), eine Position, die auch aus Sicht des leiblichen Erlebens schlüssig erscheint.

Im Bereich der Software werden außerdem Möglichkeiten geboten, welche die Gesichtszüge und Ausdrücke der Teilnehmenden, ausgehend von der menschlicher Bewertung, algorithmengestützt optimieren (vgl. Park et al. 2015). In der marktführenden Software Zoom nennt sich die Funktion: „Mein Erscheinungsbild retuschieren – Anwendung eines unscharfen Fokus auf die Haut zur Minimalisierung von Unvollkommenheiten" (Zoom Video Communications 2020).

Noch mehr Aufwand wird in die Inszenierung des Hintergrunds gesteckt, die dabei weit über die viel diskutierte Bücherwand als Statussymbol (vgl. Serrao 2020) hinausgeht. Analog zur Bücherwand hat der 3D-Artist den Hintergrund für seine geschäftlichen Videokonferenzen so ausgerichtet, dass man etwa 15 Filmplakate sieht, „von den coolen Projekten", an denen er mitgewirkt hat, und den „Hoff im Hintergrund", ein signiertes Foto von David Hasselhoff, das links unten in einem silbernen Rahmen auf einer Anrichte steht (3D-Artist, Pos. 42ff.). Diese selbstdarstellerischen Formen der Hintergrund-Inszenierungen sind eigentlich eher Teil der Inszenierung der Personen und somit der sozialen Ganzheit der Situation. Dennoch unterstützen sie die Vorbild-Programme, da sie ebenso wie die Kleidung zur Gesamtatmosphäre beitragen.

An der aufwändigen Inszenierung eines gemeinsamen Abendessens wird sehr gut ersichtlich, wie weit die Gestaltung der Videobilder getrieben werden kann und in Einheit mit gleichzeitigen Handlungen (Essen und Trinken) zu einer gemeinsamen Atmosphäre beitragen kann. Alles im Versuch, die getrennten Ortsräume in einem gemeinsamen Leiberspace zusammenzubringen. Die Pastorin berichtet von einem befreundeten Paar ihres Sohnes, welches eine Fernbeziehung zwischen den USA und Deutschland führt und sich regelmäßig zu aufwändig inszenierten Videokonferenzen trifft:

> Und die verabreden sich jede Woche zum gemeinsamen Essen. Das ist doch auch Wahnsinn. Also der betreffende Mensch baut sich da irgendwie ein Weinglas auf, oder ich weiß ich nicht, man backt zusammen eine Pizza, oder mit demselben Belag <lacht> oder keine Ahnung.

> Und das wird dann alles sozusagen arrangiert oder sie gucken sich sogar gemeinsam einen Film an. [...] Sie gehen sozusagen miteinander essen und arrangieren also richtig einen Raum, mit Weinglas oder was immer so und nehmen sich dann halt zwei Stunden Zeit, um sozusagen beim Essen, eigentlich was du sonst auch machst, wenn du in ein Restaurant gehst oder so, besser ins Gespräch zu kommen. Also sie versuchen das Setting sich so zu gestalten und dem anderen zu zeigen. Wahrscheinlich in der Kamera nehme ich an, denn, weiß ob das hier und so und, um eine Atmosphäre herzustellen, nochmal anders in Kontakt zu kommen. (Pastorin, Pos. 32ff.)

Diese Rekonstruktion bestehender und positiv erinnerter Situationen ist sicher eine Extremform und nicht auf alle Videokonferenzen im beruflichen Kontext zu übertragen, nutzt jedoch alle bisher genannten Wege zur Unterstützung einleibender Erlebnisse aus und setzt dabei auf vermitteltes Wissen und erlernte Handlungen, die Einleibungen begünstigen. Gleichzeitig wird ein weiterer wichtiger Faktor dabei unterstrichen, nämlich das persönliche Miteinander-Bekanntsein, das mehr Nähe in Videokonferenzen ermöglicht. Die Pastorin beschreibt, dass das komische Bauchgefühl, die gesteigerte Sehnsucht nach Nähe, nur dann eintritt, wenn sie mit Menschen zu tun hat, die ihr persönlich nahe stehen, wie insbesondere ihre Mutter (vgl. Pastorin, Pos. 8; 30; 78). Die Yogalehrerin betont immer wieder die persönliche und freundschaftliche Verbindung ihrer Schüler*innen und schaltet, wenn sie selbst an Kursen anderer Yogalehrerinnen teilnimmt, nur dann mit einem guten Gefühl ihre Webcam ein, wenn sie die Personen kennt (vgl. Yogalehrerin, Pos. 117). Auch die Aussagen des 3D-Artists bestätigen diese Tendenz. Während er grundsätzlich die Distanziertheit in seinen Videokonferenzen hervorhebt, sind solche mit langjährigen Kolleg*innen und Freund*innen, die er auch „in real life“ (3D-Artist, Pos. 68) getroffen hat, anders: „Das ist dann wie, als wenn alte Freunde wieder zusammen rumhängen so. Da ist dann auch der Ton ein bisschen salopper“ (3D-Artist, Pos. 62). Auch in Bezug auf die empfundene Nähe in der Interview-Situation betont er diese Wichtigkeit des persönlichen Bekanntseins.

> [...] ja, aber wir kennen uns ja, wir haben uns schon öfter im echten Leben getroffen. Und, das ist mehr, wenn man als, ähnlich, als wenn mein Bruder irgendwie anruft oder so. Wir telefonieren so einmal die Woche und gucken so (...) ein Update, wie so die Familie drauf ist, so. (...) Und, ja das ist viel, das ist mehr persönlich. [...] (...) es ist mehr freundschaftlich auf jeden Fall. (3D-Artist, Pos. 114)

Die wechselseitige Einleibung fällt mit bekannten Leibern leichter, da sie einer Offenheit für das Zulassen leiblicher Regungen bedarf, gegen die sich die personale Emanzipation stellt. Insbesondere bei der Rekonstruktion von gemeinsam erlebten Situationen können die gemeinsamen Atmosphären, die sich in früheren Tagen ergossen haben, reaktiviert werden. Mit der Hinwendung zum Leib in der personalen Regression (s. Kapitel 5.2.1) verlieren die Zeit (*Jetzt*) genauso wie die Ortsräumlichkeit (*Hier*) ihre Wichtigkeit.

Ein weiterer Aspekt, der aufgrund geringer Datenlagen nicht eingehend analysiert werden kann, aber dennoch nicht unerwähnt bleiben soll, ist die interaktionale Unterstützung in Videokonferenz-Situationen durch ortsräumlich anwesende Personen. Im Fall der Pflegerin ist sie es selbst, die leibliche Interaktion zwischen den Bewohner*innen und ihren Angehörigen unterstützt. Sie löst die technischen Probleme und unterstützt die Ganzheit der Situation, indem sie erklärt, welche Personen an der Situation teilnehmen (vgl. Pflegerin, Pos. 30), und indem sie ein bekanntes Programm reproduziert, teils unter Zuhilfenahme von Tricks:

> Und es gab ganz viele urige Momente, wo demente Bewohner, wenn man sagt, man will telefonieren, fehlt ja der Telefonhörer bei einem Tablet. (...) Und dann wird man mit großen Augen angeguckt und gesagt dann: ‚Aber Sie haben doch gesagt, wir telefonieren jetzt‘. ‚Ja, wir telefonieren auch‘. ‚Ja, wo ist denn das Telefon‘? <lacht> […] Wir haben dann zwischendurch, ich hab dann schon mal so, wir haben auch so alte Telefone im Schrank stehen, da mal kurz den Hörer abgebaut und den in die Hand gedrückt und dann geht das auch. Man muss ja nur kreativ werden. (Pflegerin, Pos. 6ff.)

Ähnliches lässt sich für die Teilnehmenden beobachten, die bei den Yogastunden im Ortsraum der Yogalehrerin anwesend sind. Sie sind Vorbild für die Video-Teilnehmenden (vgl. Yogalehrerin, Pos. 71) und bestätigen durch ihre Anwesenheit die Ganzheit der Situation und das gewohnte Programm. Solche Hybrid-Lösungen werden vermutlich unter leicht abgeschwächten Corona-Kontaktvorgaben und auch anschließend als kostengünstige Lösung für verteilte Teams weiter zunehmen. Technische Optimierungen könnten die in Bezug auf den Blick vorgestellten Varianten von verkörperten Robotern am Haupt-Ortsraum sein oder komplett virtuelle Räume, wie sie bspw. eine Immobilienfirma realisiert hat, deren Firmenzentrale auf einer virtuellen Insel liegt, auf der sich viele Tausend Mitarbeiter mit ihren Avataren bewegen (vgl. Sommer 2019). Hier wäre dann allerdings zusätzlich eine Cyberspace-Situation gegeben, wie sie im Falle von Videokonferenzen nicht gegeben ist.

Es lässt sich also festhalten, dass es erfolgreiche Wege gibt, um Einleibungen während Videokonferenzen zu unterstützen und auch wechselseitige antagonistische Einleibungen zu ermöglichen. Es wurde offenbar, dass trotz der ortsräumlichen Distanz und trotz vieler technischer und leibkommunikativer Probleme im vitalen Antrieb zwischen den Leibern einer Videokonferenz Spannung und Schwellung abwechselnd hin und her wechseln können – dass leibliche Interaktion stattfinden kann.

Das geschilderte persönliche Miteinander-Bekanntsein von Teilnehmenden einer Videokonferenz ist nicht nur ein Faktor, der zur Einleibung beiträgt, sondern auch relevant für Einleibung in spezifischen Situationen des Mitgefühls und der Sorge, die im nächsten Unterkapitel eingehender analysiert werden.

5.3.3 Mitgefühl und verhinderte Sorge

Während unter dem Einsatz von verschiedenen Techniken und Ritualen eine wechselseitige Einleibung in Videokonferenzen grundsätzlich möglich sein kann, ist diese Wechselseitigkeit in Situationen des Mitleids und der Sorge eingeschränkt. Um Emotionen zu transportieren, braucht es explizite Äußerungen oder sichtbare Darstellungen. Anteilnahme und Trost können nicht vollumfänglich übermittelt werden. Stattdessen herrscht ein Gefühl von Hilflosigkeit auf Seiten der Sorgenden vor. Wird das Leid mit Schmitz als Schmerz begriffen, fällt die mobilisierende Schmerzersparung schwer. Insbesondere der körperliche Kontakt, auch der zuvor unbewusste, rückt als unerfüllte Nähe in den Schilderungen der Sorge-Arbeiter*innen in den Mittelpunkt. Videokonferenzen bleiben insofern im Bereich der Sorge ein Abbild des körperlichen Kontaktverbots während der Corona-Pandemie und können keine Lösung bieten.

> Durch die Maßnahmen der Coronakrise lernen wir, was uns fehlt, weil es uns verboten ist. Wir sind nicht nur natürliche Körper, die aus epidemiologischen Gründen voneinander Abstand halten sollen, sondern eben auch leibliche Berührungswesen. (Lindemann 2020a, S. 58)

In bestimmten Situationen fühlen sich die Videokonferierenden anderen Teilnehmenden nah, da sie deren Emotionen mitfühlen. Die Pflegerin muss sich zusammenreißen, um nicht mitzuweinen, als sie während der

Videokonferenzen die Tränen und die Freude ihrer Bewohner*innen und deren Angehörigen miterlebt (vgl. Pflegerin, 6; 28). Um Mitgefühl in Videokonferenzen auszulösen und zu transportieren, bedarf es expliziter, sichtbarer Äußerungen von Emotionen, was sich beispielhaft in einer Situation aus der Schulkonferenz zeigt, die der Lehrer schildert:

> Ich habe schon Tränen erlebt, ich habe schon gesehen, dass Menschen geweint haben. Das war im Zuge dieser Corona-Krise, dann gab es auch Entscheidungen, die jetzt den einzelnen Menschen vielleicht besonders schwer fielen und dann haben die geweint. Und dann habe ich gemerkt, also heftige Emotionen lösen auch eine größere Verbundenheit aus. Also, da ist es dann auf einmal auch sehr dicht. Also, wenn man sieht, dass der andere da wirklich leidet, dann (...) hört man auch auf, irgendwie ‚lol' oder sowas zu chatten. [...] Ich (unv.) hat mich schon betroffen gemacht. (Lehrer, Pos. 19)

Genau diese Situation wird im nächsten Kapitel noch einmal aus einem anderen Blickwinkel aufgegriffen. An dieser Stelle steht sie aber als Beispiel für eine Reihe weiterer geschilderter Situationen expliziter Emotionsäußerungen, die Mitgefühl zur Folge hatten, da die Wahrnehmenden von den leiblichen Regungen anderer getroffen wurden: Eine Kollegin der Pastorin „informiert [in Anführungszeichen], dass es ihr nicht so gut ginge und sie müsste jetzt früher die Videokonferenz verlassen und was weiß ich wie, weil ihre Mutter halt in einer sehr kritischen Phase ist, die ist dann auch verstorben“ (Pastorin, Pos. 6). Angehörige der Bewohner*innen „wünschen sich Freunde und Lachen als Reaktion“ (Pflegerin, Pos. 58) und sind enttäuscht, wenn die alten Menschen nur lächeln und nicken. Während die Yogalehrerin in ihren Stunden im Yogaraum – einem „Safespace“ der Teilnehmenden – gespürt hat, wenn einzelne emotional aufgewühlt waren, kann sie dies bei der Videokonferenz „gar nicht“ wahrnehmen und „das verliert sich natürlich so und die Person, die weinen würde, würde sich nicht in den Vordergrund stellen und sagen: ‚Ah, übrigens, ich habe geweint.'“ (Yogalehrerin, Pos. 81ff.). Der Umgang mit Emotionalem wird dann eher aus den Videokonferenz-Situationen heraus verlagert in private Messenger-Chats (vgl. ebd.; 3D-Artist, Pos. 54) oder in persönliche Nachgespräche (vgl. Lehrer, Pos. 29).

Einerseits zeigen die geschilderten Fälle erneut, wie Kommunikationsmöglichkeiten eingeschränkt sind, da das Gefühl nur schwer über Atmosphären transportiert werden kann, es braucht eindeutige Hinweise oder eindrückliche Erzählungen „von dem, was ihnen so widerfahren ist“ (Pastorin, Pos. 74). Gleichzeitig legen sie aber auch dar, wie eine einseitige

Einleibung über Videokonferenzen stattfinden kann. Einseitig, da die leidende Person und die sie umgebenden Atmosphären die Situation dominieren und der mitleidenden Person die „Hände gebunden" (Yogalehrerin, Pos. 85) sind.

Die gegenseitige Einleibung wird behindert, da Anteilnahme und Trost nicht vollumfänglich zu übermitteln sind, wenn leibliche Kommunikation gehindert ist. Situationen des Mitfühlens lösen, insbesondere wenn es um Menschen geht, die man gut kennt, das bereits beschriebene Gefühl der „Mehr-Sehnsucht nach Nähe" und Hilflosigkeit aus:

> Also, ah jetzt ein bisschen große Worte (...) Wenn es jetzt noch ein Mensch gewesen wäre, der mir noch näher steht (...) hätte ich es als Ohnmachtserfahrung (...) also als frustrierende Erfahrung erlebt. Ich fand das jetzt schon schade, sage ich mal, das nicht ausdrücken zu können. (Pastorin, Pos. 8)

> Und nicht zu sehen, was machen die da eigentlich, kommen die mit, hänge ich die ab, wo befinden die sich, was macht die Übung mit denen, brauchen die gerade Hilfe, all das sehe ich ja nicht. [...] Ich kann die Leute auch nicht vor Verletzungen schützen. Ich kann überhaupt nicht intervenieren. Weil ich nicht weiß, was ist, und das hat mich nervös werden lassen, weil das auch eine gewisse Hilflosigkeit ist. Und, so als ob man die Leute fast ein bisschen im Stich lassen würde. (Yogalehrerin, Pos. 53)

Im Fall einer Bewohnerin des Pflegeheims schildert die Pastorin, wie das Mitgefühl und die Nähe der Angehörigen auch trotz Einsatz von Videokonferenzen nicht bei der unter Einsamkeit leidenden Frau ankommen konnten.

> Also ich habe die Frau beerdigt und (...) habe sie aber nicht persönlich gekannt. Aber auf Station, ich sage immer noch Station, es heißt ja offiziell Wohnbereich, da erzählten die mir halt, dass sie auch ein Stück, ich will nicht sagen aus Kummer gegangen ist, aber es hat es verstärkt. Es hat es sozusagen verstärkt, es konnte nicht befriedigt werden. Trotz Anrufe, trotz Bildgeschichte, sondern sobald das weg war, war es: ‚Was ist mit', sage ich jetzt mal, ‚was ist mit Jochen, weshalb kommt, Jochen muss was passiert sein' und das <dreht Zeige- und Mittelfinger beider Hände neben der Stirn, wie ein Zahnrad> verselbständigte sich immer weiter. Und (...) ja und dann denke ich mir, wenn ein Mensch so in dem vielleicht Bewusstsein stirbt: ‚Die Menschen, die dir am nächsten sind, sind eigentlich nicht mehr da, oder du bist denen nicht

> mehr wichtig, oder du kannst es nicht mehr fühlen', im wahrsten Sinne des Wortes, finde ich schon bedenklich und ich denke, da muss auch so eine Einrichtung langfristig, die Corona wird uns ja noch ein bisschen begleiten, (...) für bestimmte Patientengruppen im Grunde genommen noch mal sich was überlegen. Was ist Leben oder Lebensqualität? (Pastorin, Pos. 14)

Dieser lange Abschnitt zeigt außerdem ein grundlegendes Ergebnis: die Unmöglichkeit der angemessen Sorge-Arbeit per Videokonferenzen. Insbesondere in den Interviews mit den drei Sorge-Arbeiterinnen (auch die Yogastunde stellt sich hier als Form der Sorge dar) zeichnet sich immer wieder ab, dass die durch Videokonferenzen geleistete Fürsorge auf ein Minimum reduziert bleibt.

Versteht man das empfundene und umsorgte Leid als Schmerz, lässt sich ableiten, wie dieser durch die Hilfe anderer Menschen gelindert werden kann, wie Soentgen (1998, S. 34ff.) darlegt. Schmitz beschreibt den Schmerz als einen innerleiblichen Konflikt zwischen Engung und Weitung, in dem der Drang, aus der Engung zu entkommen, und die Hemmung desselben gegeneinander ankämpfen. Es ist ein Gedrängt-Werden auf eine extreme Form der Spannung. Im Umgang mit Schmerzen unterscheidet Schmitz die „immobilisierende Schmerzersparung", die den Drang ausschaltet, und die „mobilisierende Schmerzersparung", welche die Hemmung der Weitung bewältigt (Schmitz 1965, S. 188), Schmitz' Beispiele für die mobilisierende Schmerzersparung sind der Schrei oder die Entspannung wie bspw. autogenes Training. In den analogen Formen der Angstersparungen gibt es eine dritte Form, das „Anklammern an einen anderen", um sich „vom eigenen Selbst [zu] entlasten" (ebd., S. 182), die in Bezug auf den Schmerz nicht erwähnt wird. Soentgen schlägt vor, die Hemmung von Leidenden ebenso zu lösen – den Schmerz wegzulassen –, indem sie von vertrauten Menschen unterstützt werden. Diese teilnehmende Pflege wirke wie ein „Magnet", wie ein „Asyl" als Ausweg des Schmerzes: „Er fasst meine Hand und löst damit die Einsamkeit des Schmerzes" (Soentgen 1998, S. 37).

In der Darstellung Soentgens sowie in den Schilderungen der Interviewten hat die Sorge dabei auch immer eine Komponente der körperlichen Nähe, die nur sehr bedingt über das Fernmündliche und Fernbildliche ersetzt oder befriedigt werden kann:

> Also, Beispiel bei der Kollegin, da hätte man bestimmt mal die Hand auf die Schulter gelegt oder [...] aber durch eine Körperhaltung oder eine Sprache ein Stück versucht, Nähe auszudrücken oder teilnehmen-

> des Denken oder Fühlen oder wie immer. Und das war eigentlich durch so eine, so wie wir uns sehen <bewegt die flache Rückhand auf den Bildschirm zu und zurück> <lacht> es ist einfach eine Barriere. Aber nichts zu machen, das ist nun mal so. (Pastorin, Pos. 6)

Die Situation ist für die Sorgeleistenden ebenso deprimierend wie für die Sorgebedürftigen. Insbesondere dadurch, dass das Bedürfnis nach Sorge, wenn explizit geäußert oder durch persönliches Bekanntsein ableitbar, in einer Videokonferenz-Situation transportiert werden kann, ebenso wie das Bedürfnis nach körperlicher Nähe. Der Wunsch, Fürsorge zu leisten oder die berufliche Aufgabe der Sorge können allerdings nicht erfüllt werden. Es fehlt „dieses berührende Gespräch, also ne, ich berühre jemanden im Gespräch“ (Pflegerin, Pos. 30), was sowohl im übertragenen wie auch im Wortsinn verstanden werden kann.

> Ich kenne die Leute, die auch mitmachen auf der anderen Seite, und weiß auch, wer bei welcher Übung, wem es dabei gut gehen wird und wem nicht, und trotzdem sind mir ja die Hände gebunden, weil ich kann da nicht hingehen und mal meine Hand dann auf die Person legen und sagen: ‚Es ist alles in Ordnung‘. Oder bei einer Person, die das sehr gut macht, auch sagen: ‚Hey, komm, ey, du machst es mega gut, du hast krasse Fortschritte gemacht‘ und so ‚High Five zu dir selbst‘. (Yogalehrerin, Pos. 85)

Das Gefühl von Nähe, welches die Yogalehrerin sonst gegenüber ihren Schüler*innen hat und was sie über kleine körperliche Berührungen spürt, ist in Videokonferenzen nicht zu erzeugen (vgl. Yogalehrerin, Pos. 49). Die Arbeitsweise „über meine Hände und über meine Anwesenheit […] fällt komplett weg über den Laptop“ (Yogalehrerin, Pos. 39). Und natürlich ist es offenkundig, dass Körperliches nicht per Video übertragen werden kann, aber es betont in dieser Beschreibung, wie einschneidend und beschränkend sich die Maxime auswirkt, dass „nur Abstand Ausdruck von Fürsorge“ (Merkel 2020) ist. Die einzige körperliche Nähe, die Videokonferenzen den Bewohner*innen des Pflegeheims ermöglichen, sind nicht intendierte und die Abstands-Vorschriften ausreizende:

> Und natürlich beim [Video-]Telefonieren ist man ein Stückchen dichter dran, um auch zu gucken, ne, wenn das Tablet verschoben wird, wenn man mit jemand kognitiv Eingeschränktem das gemacht hat, der das Tablet vielleicht berührt und verschiebt oder so, da ist man schon dichter dran. (Pflegerin, Pos. 32)

Grundsätzlich muss jedoch das Abstandsgebot auch von Pflegenden gegenüber den Bewohner*innen eingehalten werden, für alles, was nicht als Pflegehandlungen gilt, die sich auf die Pflege des sichtbaren Körpers beschränken.

> Und dann ist es einfach nicht mehr so, dass ich mich ganz neben jemand setzen kann und den vielleicht den auch an mich drücke, um zu sagen oder zu signalisieren: ‚Ich bin da, du bist nicht allein'. Ne, das fällt halt weg. (Pflegerin, Pos. 32)

Videokonferenz-Situationen bleiben im Bereich der Pflege und Sorge insofern eher eine Spiegelung der Kontaktverbots-Maßnahmen als eine Lösung für diese. Eine Parallele, die sich auch in Erzählungen der Pastorin findet. So berichtet sie, dass sie einer Bewohnerin des Pflegeheims (die nicht Corona-infiziert war), die Hand halten und einen Segen geben wollte und sich entschied, die Handschuhe auszuziehen, um den direkten körperlichen Kontakt herzustellen: „Ich kann doch nicht eine Hand halten und einen Segen, also ich, war vielleicht falsch, es ist, es war mir egal in dem Moment" (Pastorin, Pos. 74). Und vergleichbar damit legt sie eine gewisse Skepsis in Bezug auf Segnungen in Videokonferenzen an den Tag.

> Es gibt ja Fernsegen und all sowas, aber es ist ein Mehr, wenn du einem Menschen sozusagen ein Kreuz auf die Stirn zeichnest, oder berührst. Es ist ein Mehr, als wenn ich (...) <macht eine Segensgeste, ein Kreuz mit Zeige- und Mittelfinger in Richtung des Bildschirms> Fern <lacht> Fernsegen, also nicht, dass das nicht (...) ich denke, wo der Geist weht, weht er, da hilft es immer. [...] Und wenn er nicht da ist, dann kannst du noch machen, was du willst. Aber es, ich glaube, dieses Haptische ist ein, spricht einfach noch tausend andere Sinnesorgane an (...) die (...) ja, und das ist ja auch schön so, dass man merkt, es fehlt auch was, bei allen Möglichkeiten (...) ja (...). Es braucht noch die persönliche Bestätigung. Es ist nicht out, sozusagen. (Pastorin, Pos. 87ff.)

Der Körper steht in Schmitz' Neuer Phänomenologie nicht im Mittelpunkt, weshalb die körperlichen Berührungen in der Analyse vornehmlich auf ihre leiblichen Aspekte reduziert werden. Gugutzer (2017) schlägt vor, Schmitz' Theorie auch diesbezüglich über die Inklusion von Plessners Philosophischer Anthropologie und insbesondere den „Doppelaspekt" von „Körperhaben" und „Leibsein" (Plessner [1928] 1975) zu erweitern. Wie schon erläutert, liegt diese Verknüpfung bereits bei Lindemann (1993) vor und auch Henkel (2022) kombiniert Schmitz und Plessener gemeinsam als Erweiterung von Luhmanns Systemtheorie. Auf die hier angestellte Analyse werden diese Erweiterungen nicht umfangreich angewendet, die Ergebnisse betonen aber den Bedarf einer solchen Einbeziehung des Körpers in Fragen nach dem Leiblichen – insbesondere in Kontexten der Sorge.

Nachdem bisher ausgiebig auf die Versuche und Möglichkeiten eingegangen wurde, Einleibungen in Videokonferenzen herzustellen, wird im kommenden Kapitel die Verhinderung der leiblichen Kommunikation aus einer anderen Perspektive beleuchtet. Als Chance und Denkanstoß über Nähe und Distanz im Allgemeinen.

5.4 Distanzierung als Potential

Die mit dem körperlichen Kontaktverbot während der Corona-Pandemie eingeführte Distanz, die sich in Videokonferenzen fortsetzt und auch auf leiblicher Ebene bestehen bleibt, wird nicht nur als Behinderung, sondern gleichzeitig auch als hilfreich und befreiend empfunden. Die Grenzen der leiblichen Kommunikation in Videokonferenzen wirken als Begünstigung der personalen Emanzipation, die insbesondere im beruflichen Zusammenhang als positiv gilt, und sie schaffen zugleich willkommene Schutzräume, die sowohl Rückzug als auch Partizipation für weniger dominante Menschen ermöglichen. In jedem Fall fällt eine Distanzierung leichter, wenn diese erwünscht ist, da es leichter möglich ist, sich den leiblichen Regungen und den Atmosphären zu entziehen. Außerdem bieten die – durch alltägliche Videokonferenzen und die Kontaktbeschränkungen hervorgebrachten – Distanzen auch die Möglichkeit, grundsätzlich über leibliche Nähe und Distanz nachzudenken.

Die Distanzierung im beruflichen Zusammenhang wird gleichgesetzt mit Professionalität und Effizienz: "Das ist alles sehr technisch, da ist wenig Smalltalk eigentlich, weil man dann ja auch wieder an die Schippe will" (3D-Artist, Pos. 10). Dabei geht es darum, bei der Sache zu bleiben: „und nicht abschweifen auf, ja, persönliche Empfindlichkeiten oder sonst irgendwas" (Lehrer, Pos. 7). Auf Nachfrage nach der empfundenen Nähe zu den französischen Kolleg*innen während des Kaffee-Rituals (s. Kapitel 5.3.2) wird diese vom 3D-Artist wieder revidiert:

> Ja, aber dienstlich. (...) Wirklich Persönliches wird da nicht besprochen, nur: ‚Hey, hier sind auch gerade Randalierer, die dann irgendwie den Walmart ausplündern' und keine Ahnung. Dann gibt es einen

> neuen Flachbildfernseher. (...) da, also, Persönliches bespricht man da nicht. Also, ich mache das nicht. Das geht die ja nichts an. (3D-Artist, Pos. 112)

Dieser professionelle Abstand wird auch vom Lehrer in direkter Reaktion auf die bereits geschilderten Situationen angeführt, in denen Menschen aus dem Kollegium in Tränen ausgebrochen sind. Auf die Frage, wie er selbst sich in diesem Moment gefühlt hat, schildert er:

> Ich (unv.) hat mich schon betroffen gemacht. Mir fällt eine Distanz per Zoom leichter. [...] Aber übe ich auch diese Distanz als sozusagen Konferenzleiter. Da versuche ich eigentlich immer sehr distanziert zu sein, schnell, professionell. (Lehrer, Pos. 21ff.)

Und auch, wenn das nicht das Ziel ihres Yogas ist und nicht das, wie sie Yoga gern ausübt, sieht ebenfalls die Yogalehrerin einen ähnlichen Vorteil mit Blick auf ihre Professionalität in der Distanz, die die Videokonferenz mit sich bringt.

> Was natürlich ein großer Vorteil dadurch ist, also, dadurch dass ich nicht nah an den Leuten bin, habe ich eben eine größere Distanz und das erlaubt mir natürlich auch eine gewisse Professionalität. Also, wenn man sehr, sehr nah an den Leuten dran ist, dann kann es natürlich auch, also es kann triggern oder es kann auch hier was in mir auslösen. [...], also manchmal ist das ja auch ganz befreiend, die ganzen Emotionen nicht mitzubekommen, und ich mache mein Yoga und überlege mir was. Und, genau, verfolge quasi meinen Plan, den ich mir entwickelt habe, ohne jetzt zu gucken: ‚Ja was macht das mit dem, was macht es mit dem‘, sondern mal ich habe ein Konzept und so führe das so durch. (Yogalehrerin, Pos. 59ff.)

Es ließe sich einwenden, dass die leibliche Aufgeschlossenheit Kernaspekt der Arbeit der Yogalehrerin ist, doch würde eine solche Sicht ihr nicht den Freiraum zugestehen, den sie unter den besonderen Herausforderungen möglicherweise besonders benötigt. Gleichzeitig bedeutet diese Distanziertheit bspw. auch, dass die Teilnehmenden des Yogakurses trotz der ungewohnten Situation zu sich finden können (vgl. Yogalehrerin, Pos. 25).

Die ortsräumlich getrennte Sitzordnung und die verhinderte Blickrichtung bergen auch das Potential für neue Freiheiten, da es bspw. in der Schulkonferenz den Akt des „Sich-Neben-Jemanden-Setzen[s]“ nicht mehr gibt und so „keine Grüppchenbildung“ mehr entsteht (Forschungstagebuch, Pos. 68). Auch kann die möglicherweise engende Atmosphäre, die in Treffen von Angesicht zu Angesicht herrscht, durch die Neuordnung entweder völlig entfallen oder aber zumindest einfacher von sich ferngehalten werden. Eine Bekannte berichtet von zwei Kolleginnen, die sich, seit die Plenen in Videokonferenzen abgehalten werden, zu Wort melden, was sie vorher nicht taten. Die sonst angespannte, bedrückende Atmosphäre bei den Treffen in ihrer Einrichtung ließ sie sonst verstummen (vgl. Forschungstagebuch, Pos. 129f.).

Und schließlich bieten auch die geschilderten technischen Probleme einen Schutzschild vor leiblichen Regungen. In einem Interview scheint es, als ob die schlechte Internetverbindung hilft, in unangenehmen Situationen Abstand zu gewinnen (vgl. Lehrer, Pos. 20ff.), und die Pastorin schildert eindrücklich, wie sich ihr Mann, in Anlehnung an die bekannten technischen Probleme, einen „Schutzraum" schafft, um sich seine Kolleg*innen „vom Leib" zu halten.

> Also zum Beispiel mein Mann, der ist richtig glücklich über die Videokonferenzen, also, glaube ich glücklicher als ich. Der hat hier auch, ich sage mal so mit Kollegen ist es irgendwie nicht so harmonisch. Und der sagt, das hält sie vom Leib, ne? Also er ist richtig. Also im wahrsten Sinne des Wortes, ne? Ihn stresst das total, mit bestimmten Leuten in einem Raum zu sitzen und so machen sie alle Video, sie sind sozusagen vom Leib gehalten, im Notfall kannst du hier drücken, hast eine Störung, oder das Bild wackelt, ne? Oder du meldest dich vielleicht ab und gehst aus <Anführungszeichengeste> dem Raum, sozusagen, aus dem Kontakt letztendlich. Es merkt auch immer gar keiner, sondern du bist, da ist da mal so ein Freizeichen, sage ich mal. Und er erlebt es sehr angenehm. So. Also sozusagen diesen Schutzraum zu haben, nicht den Menschen direkt ausgesetzt zu sein, denen du nicht unbedingt ausgesetzt sein möchtest, sage ich mal. (Pastorin, Pos. 78)

Es mag für Lehrende unangemessen und ermüdend sein, wenn Schüler*innen und Studierende Tricks nutzen, wie ihren Nutzernamen bei Zoom in ‚Reconnecting…' umzubenennen, um Verbindungsprobleme vorzutäuschen. Aber diese widerständischen Praktiken können auch vor Leid hervorrufenden leiblichen Regungen schützen, wie in den zuvor dargestellten Beispielen offenbar wurde. Die erneute Einbeziehung eines kulturellen Vergleichs schärft den Blick auf auch individuell unterschiedlich wahrgenommene Vor- und Nachteile körperlicher und leiblicher Distanz. Wie Gunawardena (2014) darstellt, wird die fehlende körperliche Präsenz in Online-Kursen von arabischen Studierenden als Vorteil verstanden, da sie einerseits Zugangsmöglichkeiten bietet, aber auch Peinlichkeiten vorbeugt. Weibliche arabische Studierende würden sich auch deshalb wohler fühlen, weil der Fernunterricht die in der muslimischen Kultur gelebte räumliche Trennung der Geschlechter ermöglicht. Distanz nicht nur aus kulturellen Motiven, sondern auch gegenüber individuellen Leibern zu gewähren, kann neben dem Vermeiden von leidvollen Erlebnissen also auch Bildungschancen und Inklusion ermöglichen.

In den sich durch die Verlegung in Videokonferenzen so neu darstellenden Situationen bieten sich insofern auch Anknüpfungspunkte, um ein angemessenes Miteinander im Aufeinandertreffen von Angesicht zu Angesicht zu diskutieren. Die angestellten Überlegungen lassen sich auch auf die Abstandsgebote in der Öffentlichkeit übertragen, in denen sich zeigt, in welchen Situationen potentiell unangemessene körperliche und leibliche Nähe entsteht, der sich die darunter Leidenden selten entziehen können. Eine Parallele, die auch im Nachgespräch mit der Yogalehrerin gezogen wird, die gleichfalls als Gastronomin (oft alleine) hinter der Bar arbeitet:

> Im Laden haben wir ja diese Plexischeibe und bei einigen Leuten finde ich es halt mega nice, dass die da ist. So das muss ich schon auch sagen, dass so Nähe Distanz wird ja sehr unterschiedlich empfunden und für mich ist es gerade voll so ein Sicherheitsding von so: ‚Oh, geil, nach drei Jahren ständig an den Personen sein, habe ich endlich mal so einen eigenen Space'. Und ich finde es manchmal total angenehm, weil man nicht, also man wird nicht in so Nähe-Situationen geworfen, die man sich, also in denen man eigentlich nicht sein möchte. (Yogalehrerin, Pos. 122)

Während die beschränkten leiblichen Kommunikationsmöglichkeiten Probleme für Situationen bieten, in denen eine wechselseitige Einleibung erwünscht ist, wie in den letzten Kapiteln ausführlich dargelegt, bieten die Grenzen der Leiblichkeit in Videokonferenzen ebenso Potentiale als Schutz und als Reflexionsfläche von Nähe-Distanz-Verhältnissen, Machtgefügen und Atmosphären im direkten Miteinander. Und wie kurz angerissen, lässt sich dieser Gedanke auch auf die Kontaktbeschränkungen und damit einhergehenden definierten Distanzen übertragen. Während der Verlust körperlicher und leiblicher Nähe große Einschränkungen für Situationen der Sorge bedeutet, bietet er gleichzeitig Schutzräume und Ansatzpunkte, um über angemessene Distanz im öffentlichen Raum nachzudenken.

5.5 Zusammenfassung der Ergebnisse

In Bezug auf die Frage, wie trotz medialer Vermittlung, wie trotz der großen örtlichen und körperlichen Distanz leibliche Regungen und leibliche Kommunikation in Videokonferenzen zutage treten, wurden – unter Anwendung der Grounded Theory Methodologie und durch die Einordnung in der erweiterten Neophänomenologischen Soziologie – vielfältige Ergebnisse ausführlich dargestellt, welche nun abschließend kompakt zusammengefasst werden.

In der Untersuchung der Situation Videokonferenz aus Perspektive des Methodologischen Situationismus wurde offenbar, dass Sachverhalte und Programme aus Face-to-Face-Vorbild-Situationen übernommen und durch spezifische Eigenschaften der Situation Videokonferenz ergänzt werden: Programme werden infolge der technischen Umgebung um Normen, insbesondere den Zugang zu Videokonferenzen, und Wünsche, wie das technische Gelingen der Situation, erweitert. Zu den technisch bedingten Problemen, wie Verbindungsschwierigkeiten und die Vermischung von Beruf und Familie im Homeoffice, sind insbesondere Probleme der leiblichen Kommunikation typisch für die Situation Videokonferenz.

Als Ausgangspunkt dieser Probleme der leiblichen Interaktion konnte die Herausforderung der örtlichen Denkweise ausgemacht werden, denn sie weist in Videokonferenzen auf die leiblichen Regungen der Teilnehmenden. Die Videokonferenz macht damit die Mittelstellung des Menschen zwischen personaler Regression und personaler Emanzipation besonders anschaulich. Die Analyse konnte das Entstehen und Vorkommen von Einleibungen und Atmosphären als gemeinsamen Leiberspace aufzeigen. Diese weisen jedoch gleichzeitig auf einen Ursprung der Probleme der leiblichen Kommunikation in Videokonferenzen: Es können nicht alle Sinne und Formen des Einfühlungsvermögens vollumfänglich genutzt werden, die Menschen in Situationen von Angesicht zu Angesicht zur Verfügung stehen. Als eine große Einschränkung leiblicher Kommunikation wurde die fehlende Tiefe der Atmosphäre herausgestellt, die sich insbesondere in der Stille in Videokonferenzen zeigt.

Da die Probleme mit Schmitz immer Teil der Situation sind, stellen sie kein Ausschlusskriterium von leiblicher Kommunikation dar, sondern werden als Teil der Situation angesehen. Die analysierten Prozesse der Einleibung konnten aufzeigen, dass Videokonferenzen zwar die Möglichkeit von einleibenden Blickwechseln bieten, diese jedoch gleichzeitig behinderten, da die leibliche Richtung des Blicks nur bedingt und in kleinen

Gruppen vermittelt werden kann. Dem Einwand, dass sich während Videokonferenzen gar nicht direkt in die Augen geschaut werden könne und ein Blickwechsel unmöglich sei, wurde entgegnet: Auch der Kontakt in Situationen der körperlichen Anwesenheit ist nie frei von vermittelten, objektvierten Anteilen, wie sie im Prozess der personalen Emanzipation beschrieben werden.

Den beschränkten Möglichkeiten leiblicher Interaktion werden vielseitige Praktiken entgegengesetzt, die wechselseitige Einleibung ermöglichen, die auf fünf Kernpunkte zusammengefasst werden konnten: 1. die Durchführung von Warm-Ups zur Bestätigung der Ganzheit der Situation, 2. die Übernahme von Rahmen-Situationen in die Videokonferenz-Situation, womit informelle einleibende Gruppendynamiken trotz räumlicher Distanz realisiert werden können, 3. die Rekonstruktion bestehender Programme durch distribuierte Handlungen, 4. interaktionale Unterstützung durch am Ortsraum anwesende Dritte und die Inszenierung des sichtbaren Videobilds sowie 5. das persönliche Bekanntsein mit den anderen Teilnehmenden.

In Situationen des Mitleids zeigten sich die Grenzen der Sorgemöglichkeit in Videokonferenzen. Um Emotionen und Mitleid zu transportieren, sind explizite Äußerungen nötig, und im Umkehrschluss können Anteilnahme und Trost nicht vollumfänglich übermittelt werden. Die Schmerzersparung fällt dabei besonders durch den fehlenden körperlichen Kontakt schwer, auf dessen Verbot Videokonferenzen während der Corona-Pandemie eine Lösung versprachen. Es muss im Gegenteil festgehalten werden, dass Videokonferenzen im Bereich der Sorge eine Spiegelung der Kontaktverbots-Maßnahmen bleiben, statt eine Lösung für diese anzubieten.

Abschließend konnte kontrastierend gezeigt werden, dass in dem körperlichen Kontaktverbot ebenso wie in der begrenzten leiblichen Kommunikation in Videokonferenzen auch Potentiale liegen. In Videokonferenzen ermöglicht die Distanz Schutzräume und Partizipationsmöglichkeiten für Personen, die sich in Vis-à-Vis-Situationen eher zurückziehen, unter den Atmosphären leiden oder aus anderen Gründen körperliche Distanziertheit vorziehen. Ebenso kann der verpflichtende leib-körperliche Abstand in der Öffentlichkeit durch die Kontaktverbote und die materiellen Grenzen auch dort Distanz gewähren, wo sie zuvor vielleicht vermisst wurde. Diese Überlegungen gehen dabei über das eigentliche Thema hinaus, aber stellen einen Zusammenhang zu dem größeren Kontext her, in dem sich Fragen nach leiblicher Nähe und Distanz verorten lassen und in den diese Ergebnisse im folgenden Fazit eingeordnet werden.

6 Fazit und Ausblick

Wie in der Analyse ausgiebig dargelegt wurde, kommt es in Videokonferenzen trotz technischer und leiblicher Beschränkungen zu verschiedenen Formen leiblicher Kommunikation. Die Herausforderungen weisen dabei jederzeit zugleich auf die Leiblichkeit, wie auch die Leiblichkeit zurückverweist auf die Begrenztheit der Situation Videokonferenz. Es konnten Wege zu gelingenden Einleibungen aufgezeigt werden, die auch als eine Art Anleitung gelesen werden können für Situationen, in denen leibliche Interaktionen eine besondere Bedeutung haben. Die gewonnenen Erkenntnisse können dabei sowohl zur Ermöglichung von wechselseitigen Einleibungen eingesetzt werden als auch zur Verhinderung solcher. Denn, das zeigt sich in der Analyse, es gibt Situationen, in denen Einleibung von den Teilnehmenden einer Videokonferenz erwünscht ist, aber gleichfalls kann auch die Distanz, die Videokonferenzen ermöglichen, als ein Vorteil angesehen werden.

6.1 Distanz zu eigenen und fremden Leibern

Zukünftig wird sich aller Voraussicht nach die Verwendung von Videokonferenzen als gesellschaftliche Alltags-Situation immer weiter etablieren. Insbesondere deswegen können die dargestellten Ergebnisse, die vor einer solchen Verfestigung gewonnen wurden, auf die spezifische Leiblichkeit in Videokonferenzen weisen und den Diskurs um Nähe und Distanz nicht nur in Videokonferenzen – und nicht nur in Zeiten der Pandemie – befruchten.

Die neue Alltags-Situation Videokonferenz kann dabei als typischer Fall gesehen werden für eine moderne Gesellschaft, in der körperliche Nähe und leibliche Regungen zugunsten von Rationalisierung, Berechnung und Psychologisierung in den Hintergrund treten – mit Schmitz die „Ideologie der totalen Vernetzung" (Schmitz 2005, S. 10). Dominierend sind in dieser die personale Emanzipation von den Regungen des Leibes, die Objektivierung von Erlebnissen, die Datafizierung und Digitalisierung der Alltagswelt, vom leiblichen Erleben entfremdende Bildschirmarbeit, das Privatleben überformende Homeoffices, die algorithmisch gesteuerte kybernetische Wohlfühlzone als *Filter Bubble* im Netz oder zuhause im s.g. Smart Home, die sich an die durchschnittlichen Gewohnheiten der User anpasst. Doch selbst in der Videokonferenz, dieser fast idealtypischen Situation der schönen neuen digitalen Alltagswelt, in welcher die Kommunikation auf Screens verlagert ist und die Menschenkörper örtlich getrennt sind, drängen sich Hinweise auf die Regungen des eigenen Leibs und fremder Leiber geradezu auf. Dies können Erlebnisse der Weitung oder der Engung sein. Weitend wie die Freude auf einer ins Video verlegten Feier oder das aufgehende Herz, wenn einem die geliebte oder begehrte Person einen Moment ganz tief in die Augen schaut und man hofft, dass sie das gleiche empfindet wie man selbst – und man wie von Angesicht zu Angesicht nicht weiß, ob sie nicht doch nur Löcher in die Luft gestarrt hat – bis sie zurücklächelt. Oder auch engende Erfahrungen, wie in Situationen der Trauer und des Mitleids, in denen man nicht helfen kann, die „Mehr-Sehnsucht nach Nähe" oder auch die bedrückende Stimmung in einem Meeting, in dem eine Atmosphäre der Angst oder der Machtlosigkeit herrscht. Es können aber auch Situationen sein, in denen Spannung und Schwellung rhythmisch wechseln oder gleichzeitig stattfinden, wie am Beispiel der Pflegerin geschildert, welche von der intensiven Stimmung in manchen Gesprächen überschwemmt wird.

Menschen als leiblich affizierbare Wesen sind den meisten Regungen dabei nicht hilflos ausgeliefert, sondern in der Lage zu entscheiden, ob sie andere Leiber an sich heranlassen und sich von Atmosphären einnehmen lassen, oder sich stattdessen von den Regungen emanzipieren. Die empirischen Ergebnisse legen aber nahe, dass der Drang nach einleibenden Erlebnissen, nach leiblicher Intensität zumindest in einigen Situationen groß genug ist, um aufwändige Konstruktionsarbeit und Inszenierungen mit der bewusst unbewusst vermittelten Unmittelbarkeit zu leisten, um einen gemeinsamen digitalen Leiberspace zu schaffen – um gemeinsam intensiv zu erleben –, um sich auch digital vermittelt nah zu kommen. Erfolgreich, wie sich gezeigt hat.

Die Ergänzung der Neuen Phänomenologie um einige Aspekte aus Plessners Philosophischer Anthropologie war nötig und hilfreich, um sich dem *Leiberspace*, also der leiblichen Interaktion und Kommunikation in digital vermittelten Situationen, zu nähern und damit dem alltäglichen Drahtseilakt in der „unklaren, schillernden Mittelstellung zwischen den beiden Extremen der primitiven und der vollständig entfalteten Gegenwart" (Schmitz 1967, S. 18). Die damit einhergehende alltägliche Aushandlung und Objektivierung von Nähe und Distanz zu dem eigenen und zu fremden Leibern konnte am Beispiel von Videokonferenzen dargestellt werden. Es zeigt sich, dass die digitale Vermittlung diese Prozesse beeinflusst, aber gleichzeitig nicht verhindert, da diese durch leidenschaftliche und phantasiefähige Menschen gestaltet und genutzt werden kann.

6.2 Ausblicke und Weiterführungen

Daran anschließend könnte insbesondere in Hinblick auf die Situationen des Mitgefühls und der Sorge weitergehend untersucht werden, welche Formen von leiblicher und körperlicher Nähe etabliert und vonnöten sind, um Sorge zu leisten. Es hat sich gezeigt, dass Fürsorge mit Abstand per Videokonferenz nicht vollumfänglich möglich ist. Eine weitergehende ausführliche Analyse einer *Fernsorge* in Anlehnung an den *Fernunterricht* könnte Hinweise liefern, ob es andere Ausgestaltungen der Sorge gibt, die es ermöglichen, Sorge trotz körperlicher Abwesenheit zu leisten. Ansatzpunkte dafür bieten sich bereits in den erwähnten Studien zu Nähe und Fürsorge in Paarbeziehungen (vgl. Chien, Hassenzahl und Lenz 2015; Döbler 2020) oder möglicherweise auch in den ebenso angedeuteten robotischen Materialisierungen zur Vermittlung von Nähe (vgl. Goeckel et al. 2015). Die sich aus der Empirie dargestellte Wichtigkeit des körperlichen Kontakts legt allerdings nahe, dass *Fernsorge* kaum äquivalente Formen von Nähe und Mitgefühl im Sinne einer Schmerzersparung ermöglichen kann.

Eine weitere interessante Entdeckung, die im Rahmen der Analyse nicht weiter verfolgt wurde, betrifft eine vermutlich veränderte Körper- und Selbstwahrnehmung während Videokonferenzen, die im ständigen Konfrontiertsein mit dem eigenen Videobild bedingt sein könnte. Alle Interviewten äußerten Befremden, Erschrecken oder Unwohlsein über diese dauerhafte Betrachtung des videovermittelten Selbst und des eigenen Körpers. Mit Schmitz bietet sich für diese Fragestellung kein offensichtlicher Zugang. Mit der Philosophischen Anthropologie Plessners und ihrer Positions-Theorie könnte hier gefragt werden, ob in der Selbstreflexion des eigenen digitalen Abbilds möglicherweise eine andere Positionsform vorliegt (vgl. hierzu bspw. Burow 2019; De Mul 2019).

In der Diskussion nur angerissen wurden Hybrid-Situationen und die darin stattfindende interaktionale Unterstützung durch am Ortsraum anwesende Personen. Da von einer Zunahme solcher Situationen *von Angesicht zu Angesicht zu Video* auszugehen ist, wäre eine weitergehende Betrachtung ebensolcher Situationen insbesondere in Bezug auf Leibräume und Distanzierungen relevant. Auch hier lassen sich mögliche technische Lösungen ebenso diskutieren wie Einleibungs-Praktiken mit den gegebenen technischen Möglichkeiten.

6.3 Empirisches Arbeiten an leiblichen Regungen in Videokonferenzen

Für solche oder ähnliche weiterführende Untersuchungen kann auf die hier verwendete Kombination aus theoretisch ergänzter Neophänomenologischer Soziologie und Grounded Theory Methodologie zurückgegriffen werden. Die Quelloffenheit und die Einbeziehung von Materialien wie dem Forschungstagebuch ermöglichen komplexe Perspektiven und haben sich als erfolgreich erwiesen, nicht nur deskriptive, sondern auch rekonstruktive Erkenntnisse im Rahmen des Methodologischen Situationismus zu liefern.

Auch die Wahl von Interviews als zentrales Erhebungsinstrument hat sich als praktikable Lösung gezeigt, könnte allerdings perspektivisch erweitert werden, indem andere Formen der Erhebung leiblicher Regungen getestet und ergänzt werden. Wie in Kapitel 4.2.2 dargelegt wurde, ist das narrative Interview zwar die Form der Darstellung von Sachverhalten, die „der Reproduktion der kognitiven Aufbereitung des erlebten Ereignisablaufs am nächsten kommt“ (Przyborski und Wohlrab-Sahr 2014, S. 80), genau diese kognitive Aufbereitung ist aber möglicherweise hinderlich für die Untersuchung der erlebten leiblichen Regungen und leiblicher Kommunikation. Eine direkte Analyse des empfundenen Leibes scheint – auch aufgrund der vermittelten Unmittelbarkeit – unmöglich, allerdings könnten alternative Erhebungsverfahren bereichernd oder präziser sein. Zum einen bieten sich hier Leibwahrnehmungs-Tagebücher an, möglicherweise einhergehend mit einer vorherigen Etablierung von Schmitz‘ Alphabet der Leiblichkeit, um die vielfältige und differenzierte Ausdrucksweise direkt in der Erhebung zu nutzen. Zum anderen lassen sich visuelle Methoden vorstellen, z.B. Darstellungen der Leibinseln oder Zeichnungen von empfundenen Leibregungen. In beiden Fällen ist auf eine zeitnahe Untersuchung an den entsprechenden Situationen zu achten, da es empirisch nicht immer wie in einem Videointerview über Videokonferenzen sein kann, wo die Erhebungsmethode die Situation selbst beinhaltet. Dies passt auch zu den von Schmitz vorgeschlagenen „Versuchsreihen [...], bei denen die Versuchsperson Aufgaben erhält und ihre Erlebnisse bei deren Ausführung sofort danach zu Protokoll gibt“ (Schmitz 1965, S. 286).

Als großer Mehrwert hat sich die Integration von Anteilen Plessners Philosophischer Anthropologie, in Anlehnung an Lindemann und Henkel, erwiesen. Der dargestellte Fall von Videokonferenzen hat den spezifischen Bedarf einer Ergänzung der NPS belegt, welche dabei weder diese noch die Neue Phänomenologie als theoretische Perspektive grundsätzlich infrage gestellt hat, sondern eher als Vorschlag einer Vereinigung der theoretischen Zugänge verstanden werden kann. Es ist davon auszugehen, dass vermehrt empirisch unter Einbeziehung der Neuen Phänomenologie – auch in verschiedenen theoretischen Kombinationen – gearbeitet wird, wofür perspektivisch eine Art neophänomenologischer Methodenbaukasten wünschenswert ist und für welchen mit dieser empirischen Arbeit ein erster Vorschlag gemacht wurde. Aus diesem Zugriff haben sich Möglichkeiten und Grenzen leiblich empfundener Nähe sowie leiblicher Interaktion und Kommunikation bei körperlicher Distanz und digitaler Vermittlung während Videokonferenzen erschlossen.

Literatur

Alkemeyer, Thomas. 2020. Die Körper, die Stadt, das Virus. Beobachtungen zur Veränderung der Körperlichkeit des urbanen Alltag. https://www.blog.wizegg.uni-oldenburg.de/die-koerper-die-stadt-das-virus/ (Zugegriffen: 14. Juli 2021).

Auf dem Hövel, Jörg. 1999. TIEFE – oberflächlich betrachtet. https://joergo.de/tiefe (Zugegriffen: 14. Juli 2021).

Balan, Bruce. 2001. Cyber.kdz 4 – Amazonas Offline. Hamburg: Argument Verlag.

Berger, Peter L., und Thomas Luckmann. 1977. Die gesellschaftliche Konstruktion der Wirklichkeit. Eine Theorie der Wissenssoziologie. Conditio humana. 5. Aufl. Frankfurt am Main: S. Fischer Verlag.

Bertagnolli, Gissele B. L., und Denise R. Quaresma da Silva. 2019. Social Presence and Video Conference in Professional Education. *International Journal for Innovation Education and Research* 7(11):1274–1280. DOI: https://doi.org/10.31686/ijier.Vol7.Iss11.1710

Boellstorff, Tom. 2015. Coming of Age in Second Life. Princeton: Princeton University Press. DOI: https://doi.org/10.1515/9781400874101

Breidenstein, Georg, Stefan Hirschauer, Herbert Kalthoff und Boris Nieswand. 2013. Ethnografie. Die Praxis der Feldforschung. UTB Sozialwissenschaften, Kulturwissenschaften, Bd. 3979. Konstanz, München: UVK-Verlagsgesellschaft; UVK/Lucius.

Bünning, Mareike, Lena Hipp und Stefan Munnes. 2020. Erwerbsarbeit in Zeiten von Corona. WZB Ergebnisbericht. Berlin: Wissenschaftszentrum Berlin für Sozialforschung (WZB).

Burow, Johannes Frederik. 2019. The Next Step. Können digitale Entitäten als eine neue Stufe im Sinne der Philosophischen Anthropologie Helmuth Plessners verstanden werden? In Mensch und Welt im Zeichen der Digitalisierung. Perspektiven der Philosophischen Anthropologie Plessners. Dimensionen der Sorge, Bd. 2, Hrsg. Johannes F. Burow, Lou-Janna Daniels, Anna-Lena Kaiser, Clemens Klinkhamer, Josefine Kulbatzki, Yannick Schütte und Anna Henkel, 209–228. Baden-Baden: Nomos. DOI: https://doi.org/10.5771/9783845293226-209

Chien, Wei-Chi, Marc Hassenzahl und Eva Lenz. 2015. Fürsorge, Gemeinsamkeiten, Pläne – Technik für Fernbeziehungen gestalten. In Mensch und Computer 2015 – Tagungsband, Hrsg. Martin Pielot, Niels Henze und Sarah Diefenbach, 83–92. Stuttgart: Oldenbourg. DOI: https://doi.org/10.1515/9783110443929-010

Couldry, Nick, und Andreas Hepp. 2017. The Mediated Construction of Reality. Cambridge: Polity Press. DOI: https://doi.org/10.1515/srsr-2018-0077

De Mul, Jos. 2019. Polyzentrizität und Poly(ex)zentrizität: neue Stufen der Positionalität? Zu Telerobotern, Craniopagus-Zwillingen und globalen Gehirnen. In Mensch und Welt im Zeichen der Digitalisierung. Perspektiven der Philosophischen Anthropologie Plessners. Dimensionen der Sorge, Bd. 2, Hrsg. Johannes F. Burow, Lou-Janna Daniels, Anna-Lena Kaiser, Clemens Klinkhamer, Josefine Kulbatzki, Yannick Schütte und Anna Henkel, 187–207. Baden-Baden: Nomos. DOI: https://doi.org/10.5771/9783845293226-185

Dickel, Sascha. 2020. Gesellschaft funktioniert auch ohne anwesende Körper. In Die Corona-Gesellschaft, Hrsg. Michael Volkmer und Karin Werner, 79–86. Bielefeld: transcript. DOI: https://doi.org/10.14361/9783839454329-008

Döbler, Marie-Kristin. 2020. Nicht-Präsenz in Paarbeziehungen. Lieben und Leben auf Distanz. 1st ed. 2020. Wiesbaden: Springer VS. DOI: https://doi.org/10.1007/978-3-658-29448-9

Dresing, Thorsten, und Thorsten Pehl. 2011. Praxisbuch Transkription. Regelsysteme, Software und praktische Anleitungen für qualitative ForscherInnen. 2. Aufl. Marburg: Eigenverlag.

Finn, Kathleen E., Abigail J. Sellen und Sylvia Wilbur, Hrsg. 1997. Video-Mediated Communication. Computers, cognition, and work. Mahwah, NJ: Erlbaum.

Friesen, Norm. 2014. Telepresence and Tele-absence: A Phenomenology of the (In)visible Alien Online. *Phenomenology & Practice* 8(1):17–31. DOI: https://doi.org/10.29173/pandpr22143

Fuhr, Alfred. 2021. Das Unbehagen im Leiberspace überwinden. https://www.twenty.blue/insights/b_275-unbehagen-im-leiberspace-ueberwinden/ (Zugegriffen: 14. Juli 2021).

Gallace, Alberto, und Charles Spence. 2010. The science of interpersonal touch: An overview. *Neuroscience and Biobehavioral Reviews* 34(2):246–259. DOI: https://doi.org/10.1016/j.neubiorev.2008.10.004

Gesellschaft für Neue Phänomenologie. Anwendungen. Gesellschaft für Neue Phänomenologie e.V. https://www.gnp-online.de/anwendungen.html (Zugegriffen: 14. Juli 2021).

Glaser, Barney G. 2007. All Is Data. *Grounded Theory Review* 6(2).

Glaser, Barney G., und Anselm L. Strauss. 1967. The Discovery of Grounded Theory. Strategies for qualitative research. Reprinted 2006. New Brunswick: Aldine.

Goeckel, Tom, Stefan Schiffer, Hermann Wagner und Gerhard Lakemeyer. 2015. The Video Conference Tool Robot ViCToR. In Intelligent robotics and applications. 8th international conference, ICIRA 2015, Portsmouth, UK. Lecture notes in computer science Lecture notes in artificial intelligence, Bd. 9245, Hrsg. Liu Honghai, Naoyuki Kubota, Xiangyang Zhu, Rüdiger Dillmann und Dalin Zhou, 61–73. Cham: Springer. DOI: https://doi.org/10.1007/978-3-319-22876-1_6

Goffman, Erving. 2003. Wir alle spielen Theater. Die Selbstdarstellung im Alltag. München: Piper.

Grayson, David M., und Andrew F. Monk. 2003. Are you looking at me? Eye contact and desktop video conferencing. *ACM Transactions on Computer-Human Interaction (TOCHI)* 10(3):221–243. DOI: https://doi.org/10.1145/937549.937552

Gugutzer, Robert. 2002. Leib, Körper und Identität. Eine phänomenologisch-soziologische Untersuchung zur personalen Identität. Wiesbaden: VS Verlag für Sozialwissenschaften. DOI: https://doi.org/10.1007/978-3-322-90147-7

Gugutzer, Robert. 2012. Verkörperungen des Sozialen. Neophänomenologische Grundlagen und soziologische Analysen. Körperkulturen. 1. Aufl. Bielefeld: transcript. DOI: https://doi.org/10.14361/transcript.9783839419083

Gugutzer, Robert. 2015. Public Viewing als sportiv gerahmtes kollektivleibliches Situationsritual. In Körper und Ritual: Sozial- und kulturwissenschaftliche Zugänge und Analysen, Hrsg. Robert Gugutzer und Michael Staack, 71–96. Wiesbaden: Springer Fachmedien Wiesbaden. DOI: https://doi.org/10.1007/978-3-658-01084-3_5

Gugutzer, Robert. 2017. Leib und Situation. Zum Theorie- und Forschungsprogramm der Neophänomenologischen Soziologie. *Zeitschrift für Soziologie* 46(3):147–166. DOI: https://doi.org/10.1515/zfsoz-2017-1009

Gunawardena, Charlotte N. 2014. Globalization, Culture, and Online Distance Learning. In Online Distance Education. Towards a Research Agenda. Issues in Distance Education, Hrsg. Olaf Zawacki-Richter und Terry Anderson, 75–107. Edmonton: Athabasca University Press. DOI: https://doi.org/10.15215/aupress/9781927356623.01

Gunawardena, Charlotte N., und Frank J. Zittle. 1997. Social presence as a predictor of satisfaction within a computer-mediated conferencing environment. *American Journal of Distance Education* 11(3):8–26. DOI: https://doi.org/10.1080/08923649709526970

Haraway, Donna. 1988. Situated Knowledges. The Science Question in Feminism and the Privilege of Partial Perspective. *Feminist Studies* 14(3):575. DOI: https://doi.org/10.2307/3178066

Härder, Julia. 2003. Wissenskommunikation mit Desktop-Videokonferenzsystemen. Dissertation. Freiburg (Breisgau),

Harrison, Steve, Deborah Tatar und Phoebe Sengers. 2007. The Three Paradigms of HCI. Alt. Chi. Session at the SIGCHI Conference on Human Factors in Computing Systems 28.4 – 3.5. 2007. San Jose, USA: ACM SIGCHI.

Hartmann, Frank. 2020. »Vor der Webcam ist weniger mehr« Interview von Christoph Wöhrle. https://www.zeit.de/arbeit/2020-06/video-konferenzen-blickkontakt-beziehungen-mimik-aufmerksamkeit-dresscode (Zugegriffen: 14. Juli 2021).

Hauber, Jörg, Holger Regenbrecht, Mark Billinghurst und Andy Cockburn. 2006. Spatiality in Videoconferencing. Trade-offs between Efficiency and Social Presence. In Proceedings of the 2006 20th Anniversary Conference on Computer Supported Cooperative Work, Hrsg. Pamela Hinds, 413-422. New York, NY: ACM. DOI: https://doi.org/10.1145/1180875.1180937

Henkel, Anna. 2022. System und Leib. Leib-Körperhaftigkeit als notwendige Dimension der Analyse sozialer Krisen. In Körper – Leib – Sozialität, Hrsg. Aida Bosch, Joachim Fischer und Robert Gugutzer. Wiesbaden: Springer.

Herrmann, Dorothea, Knut Hüneke und Andrea Rohrberg. 2012. Führung auf Distanz. Wiesbaden: Gabler Verlag. DOI: https://doi.org/10.1007/978-3-8349-3711-7

Hoffmann, Sabine. 2020. Schweigen in Videokonferenzen. Vom Umgang mit Störungen in Online-Besprechungen. In Il non detto / Das Ungesagte. Studi Germanici – Quaderni dell'AIG 3. Studi Germanici – Quaderni dell'AIG 3 (2020), Hrsg. Lorella Bosco und Marella Magris, 201–218. Roma: Istituto Italiano di Studi Germanici.

Kirchhoff, Jochen. 2000. Zur Leibphänomenologie von Hermann Schmitz. Vorlesung an der Humboldt-Universität zu Berlin. https://www.youtube.com/watch?v=hPIqZP0X5Tk (Zugegriffen: 14. Juli 2021).

Kirchmeier, Christian. 2020. Generation unsichtbar. Süddeutsche Zeitung vom 05. Juni 2020. https://www.sueddeutsche.de/bildung/videokonferenzen-video-studium-1.4926852 (Zugegriffen: 14. Juli 2021).

Knorr-Cetina, Karin. 2009. The Synthetic Situation: Interactionism for a Global World. *Symbolic Interaction* 32(1):61–87. DOI: https://doi.org/10.1525/si.2009.32.1.61

Krotz, Friedrich. 2007. Mediatisierung. Fallstudien zum Wandel von Kommunikation. Wiesbaden: VS Verlag für Sozialwissenschaften. DOI: https://doi.org/10.1007/978-3-531-90414-6

Krotz, Friedrich. 2014. Einleitung: Projektübergreifende Konzepte und theoretische Bezüge der Untersuchung mediatisierter Welten. In Die Mediatisierung sozialer Welten. Synergien empirischer Forschung. Medien, Kultur, Kommunikation, Hrsg. Friedrich Krotz, Cathrin Despotović und Merle-Marie Kruse, 7–32. Wiesbaden: Springer VS. DOI: https://doi.org/10.1007/978-3-658-04077-2_1

Kuckartz, Udo, und Stefan Rädiker. 2019. Analyzing Qualitative Data with MAXQDA. Text, Audio, and Video. Cham: Springer Fachmedien Wiesbaden. DOI: https://doi.org/10.1007/978-3-030-15671-8

Lee, Kwan M. 2004. Presence, Explicated. *Communication Theory* 14(1):27–50. DOI: https://doi.org/10.1111/j.1468-2885.2004.tb00302.x

Lemermeyer, Gillian. 2017. The Yoga Mat. *Phenomenology & Practice* 11(2):55–59. DOI: https://doi.org/10.29173/pandpr29350

Lindemann, Gesa. 1993. Das paradoxe Geschlecht. Transsexualität im Spanungsfeld von Körper, Leib und Gefühl. Fischer-Taschenbücher. Orig.-Ausg. Frankfurt am Main: Fischer Taschenbuch.

Lindemann, Gesa. 2014. Weltzugänge. Die mehrdimensionale Ordnung des Sozialen. 1. Aufl. Weilerswist: Velbrück Wissenschaft.

Lindemann, Gesa. 2020a. Die Ordnung der Berührung. Staat, Gewalt und Kritik in Zeiten der Coronakrise. Erste Auflage. Weilerswist: Velbrück Wissenschaft.

Lindemann, Gesa. 2020b. Vernunft, Verzicht und Ellbogen. https://www.zeit.de/kultur/2020-03/coronavirus-folgen-gewinner-klima-amazon-verlierer-demokratie (Zugegriffen: 14. Juli 2021).

Lindemann, Gesa. 2022. Die Raum-Zeit des anthropologischen Apriori. Theorie der modernen Gesellschaft, Bd. 2.1. Weilerswist: Velbrück Wissenschaft.

Lindemann, Gesa, und David Schünemann. 2020. Presence in Digital Spaces. A Phenomenological Concept of Presence in Mediatized Communication. *Human Studies* (43):627–651. DOI: https://doi.org/10.1007/s10746-020-09567-y

Löw, Martina. 2001. Raumsoziologie. Suhrkamp-Taschenbuch Wissenschaft. 1. Auflage. Frankfurt am Main: Suhrkamp.

Luhmann, Niklas. 1998. Die Gesellschaft der Gesellschaft. suhrkamp taschenbuch Wissenschaft, Bd. 1360. 1. Aufl. Frankfurt am Main: Suhrkamp.

Mau, Steffen. 2020. Social Distancing ist irreführend, es gibt einen passenderen Begriff. Tagesspiegel vom 01. April 2020. https://www.tagesspiegel.de/politik/unterschied-zwischen-physischer-und-sozialer-naehe-social-distancing-ist-irrefuehrend-es-gibt-einen-passenderen-begriff/25699794.html (Zugegriffen: 14. Juli 2021).

Merkel, Angela. 2020. Fernsehansprache der Bundeskanzlerin. https://www.bundeskanzlerin.de/bkin-de/mediathek/videos/ansprache-der-kanzlerin-1732108 (Zugegriffen: 14. Juli 2021).

Merleau-Ponty, Maurice. 1964. Signs. Evanston: Northwestern University Press.

Mühlenfeld, Hans-Ullrich. 2004. Der Mensch in der Online-Kommunikation. Zum Einfluss webbasierter, audiovisueller Fernkommunikation auf das Verhalten von Befragten. Wiesbaden: Deutscher Universitätsverlag.

O'Conaill, Brid, Steve Whittaker und Sylvia Wilbur. 1993. Conversations Over Video Conferences: An Evaluation of the Spoken Aspects of Video-Mediated Communication. *Human–Computer Interaction* 8(4):389–428. DOI: https://doi.org/10.1207/s15327051hci0804_1

Park, Sungyeon, Heeseung Choi und Ig-Jae Kim. 2015. Enhancing Facial Impression for Video Conference. In Distributed, ambient, and pervasive interactions. Third international conference, DAPI 2015, held as part of HCI International 2015. Lecture Notes in Computer Science, Bd. 9189, Hrsg. Norbert Streitz und Panos Markopoulos, 362–369. Cham: Springer. DOI: https://doi.org/10.1007/978-3-319-20804-6_33

PetChatz. 2020. Much more than a treat camera. Digital Daycare for the Home Alone Pet. https://www.petchatz.com (Zugegriffen: 14. Juli 2021).

Plessner, Helmuth. [1928] 1975. Die Stufen des Organischen und der Mensch. Einleitung in die philosophische Anthropologie. Sammlung Goeschen, Bd. 2200. Dritte, unveränderte Auflage. Berlin, New York: Walter de Gruyter.

Przyborski, Aglaja, und Monika Wohlrab-Sahr. 2014. Qualitative Sozialforschung. Ein Arbeitsbuch. 4., erw. Auflage. München: Oldenbourg. DOI: https://doi.org/10.1524/9783486719550

Riedl, Ann-Kathrin. 2020. Home Office: Gibt es eine (modische) Etikette für Videokonferenzen? Do's and Don'ts. https://www.vogue.de/mode/artikel/home-office-dresscode-fuer-videokonferenzen (Zugegriffen: 14. Juli 2021).

Schmitz, Hermann. 1964. Die Gegenwart. System der Philosophie, Erster Band. Bonn: Bouvier.

Schmitz, Hermann. 1965. Der Leib. System der Philosophie, Zweiter Band. Erster Teil. Bonn: Bouvier.

Schmitz, Hermann. 1967. Der leibliche Raum. System der Philosophie, Dritter Band: Der Raum, Erster Teil. Bonn: Bouvier.

Schmitz, Hermann. 1980. Die Person. System der Philosophie, Vierter Band. Bonn: Bouvier.

Schmitz, Hermann. 1990. Der unerschöpfliche Gegenstand. Grundzüge der Philosophie. Bonn: Bouvier.

Schmitz, Hermann. 2003. Was ist Neue Phänomenologie? LYNKEUS Studien zur Neuen Phänomenologie, Bd. 8. Rostock: Ingo Koch.

Schmitz, Hermann. 2005. Situationen und Konstellationen. Wider die Ideologie totaler Vernetzung. Neue Phänomenologie, Bd. 1. Originalausgabe. Freiburg, München: Verlag Karl Alber.

Schmitz, Hermann. 2011. Der Leib. Grundthemen Philosophie. Berlin, Boston: De Gruyter.

Schmitz, Hermann. 2014. Atmosphären. Originalauflage. Freiburg, München: Verlag Karl Alber.

Schmitz, Hermann. 2019. Wie der Mensch zur Welt kommt. Beiträge zur Geschichte der Selbstwerdung. Originalausgabe. Freiburg, München: Verlag Karl Alber.

Schütz, Alfred. 1972. Gesammelte Aufsätze II. Studien zur soziologischen Theorie. Dordrecht: Springer Netherlands.

Schwind, Valentin, und Solveigh Jäger. 2015. The Uncanny Valley and the Importance of Eye Contact. In Mensch und Computer 2015 – Tagungsband, Hrsg. Martin Pielot, Niels Henze und Sarah Diefenbach, 153–162. Stuttgart: Oldenbourg. DOI: https://doi.org/10.1515/9783110443929-017

Sellen, Abigail J. 1992. Speech patterns in video-mediated conversations. In Proceedings of the SIGCHI Conference on Human Factors in Computing Systems, Hrsg. Penny Bauersfeld, 49–59. New York, NY: ACM. DOI: https://doi.org/10.1145/142750.142756

Serrao, Marc F. 2020. Das Bücherregal als neues Statussymbol: Wie sich der zu Hause arbeitende Mann für sein Corona-Publikum inszeniert. https://www.nzz.ch/international/coronavirus-und-die-folgen-das-buecherregal-wird-zum-statussymbol-ld.1551049 (Zugegriffen: 14. Juli 2021).

Short, John, Ederyn Williams und Bruce Christie. 1976. The social psychology of telecommunications. London: Wiley.

Smart, James. 2020. 20 online energizers for virtual teams and remote meetings. https://www.sessionlab.com/blog/online-energizers/ (Zugegriffen: 14. Juli 2021).

Soentgen, Jens. 1998. Die verdeckte Wirklichkeit. Einführung in die Neue Phänomenologie von Hermann Schmitz. Bonn: Bouvier.

Sommer, Sarah. 2019. Vergiss die Lage! https://www.brandeins.de/magazine/brand-eins-wirtschaftsmagazin/2019/mit-leichtem-gepaeck/vergiss-die-lage (Zugegriffen: 14. Juli 2021).

Uzarewicz, Charlotte. 2012. Neophänomenologische Betrachtungen über das Altenheim. *Pflege & Gesellschaft* 17(2):120–134.

Uzarewicz, Michael. 2011. Der Leib und die Grenzen der Gesellschaft. Eine neophänomenologische Soziologie des Transhumanen. Stuttgart: Lucius & Lucius.

von Alvensleben, Laïla. 2018. Online Warm Ups & Energizers. https://www.mural.co/blog/online-warm-ups-energizers (Zugegriffen: 14. Juli 2021).

Waldenfels, Bernhard. 2009. Ortsverschiebungen, Zeitverschiebungen. Modi leibhaftiger Erfahrung. Suhrkamp-Taschenbuch Wissenschaft, Bd. 1952. 1. Auflage. Frankfurt am Main: Suhrkamp.

Williams, Lawrence E., und John A. Bargh. 2008. Experiencing Physical Warmth Promotes Interpersonal Warmth. *Science* 322(5901):606–607. DOI: https://doi.org/10.1126/science.1162548

Zawacki-Richter, Olaf, und Terry Anderson, Hrsg. 2014. Online Distance Education. Towards a Research Agenda. Issues in Distance Education. Edmonton: Athabasca University Press. DOI: https://doi.org/10.15215/aupress/9781927356623.01

Zoom Video Communications. 2020. Zoom Help Center. Informationen zu den Einstellungen. https://support.zoom.us/hc/de/articles/201362623-Informationen-zu-den-Einstellungen (Zugegriffen: 14. Juli 2021).

Zeitfracht Medien GmbH
Ferdinand-Jühlke-Straße 7
99095 Erfurt, Deutschland
produktsicherheit@kolibri360.de